Kreis Minden-Lübbecke

55 Highlights aus der Geschichte

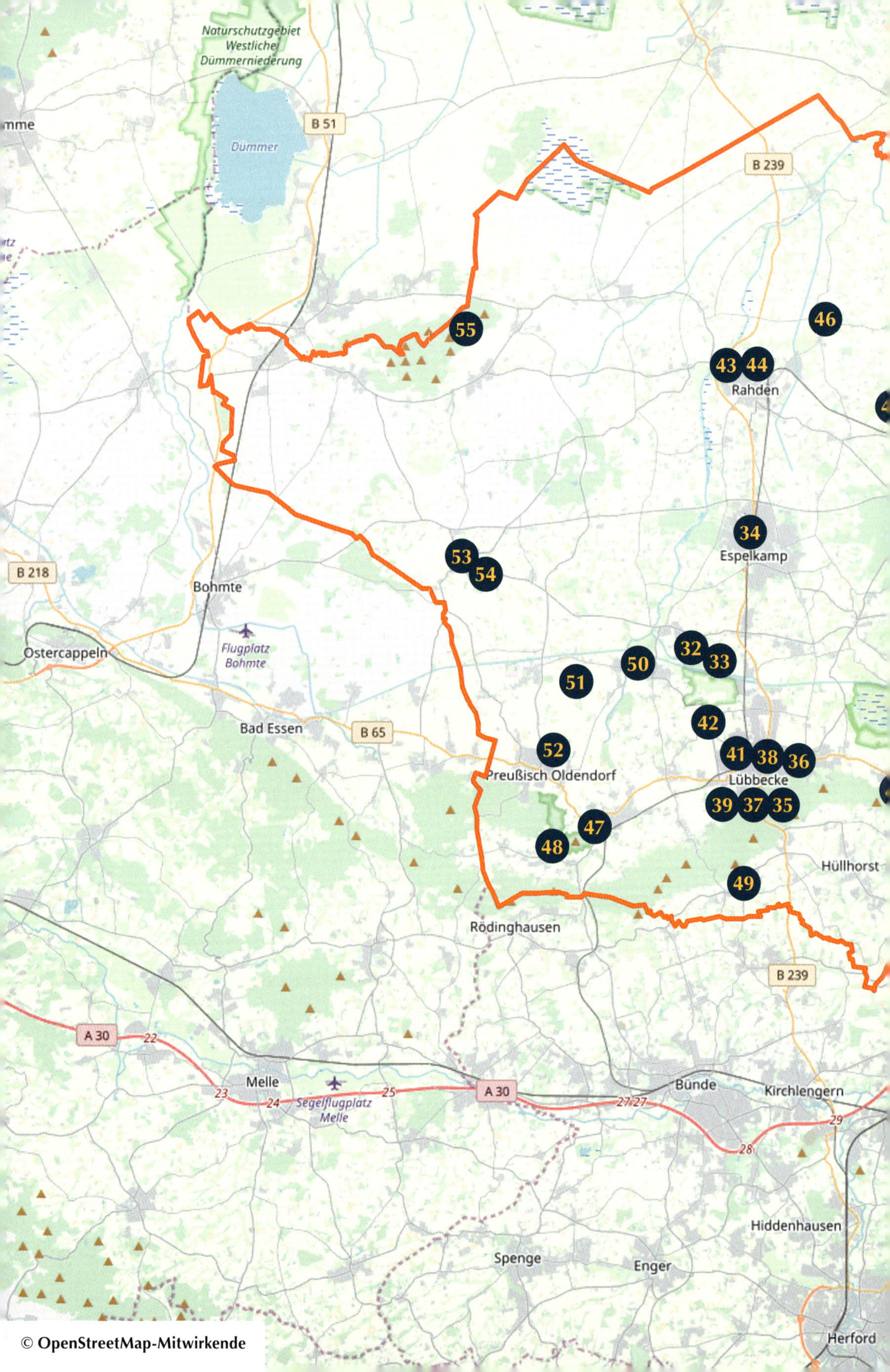
Naturschutzgebiet Westliche Dümmerniederung
Dümmer
B 51
B 239
55
46
43
44
Rahden
34
Espelkamp
53
54
B 218
Bohmte
Ostercappeln
Flugplatz Bohmte
32
33
50
51
42
Bad Essen
B 65
52
41
38
36
Preußisch Oldendorf
Lübbecke
39
37
35
47
48
Hüllhorst
49
Rödinghausen
B 239
A 30
22
Melle
23
24
Segelflugplatz Melle
25
A 30
27
27
Bünde
Kirchlengern
29
28
Hiddenhausen
Spenge
Enger
Herford

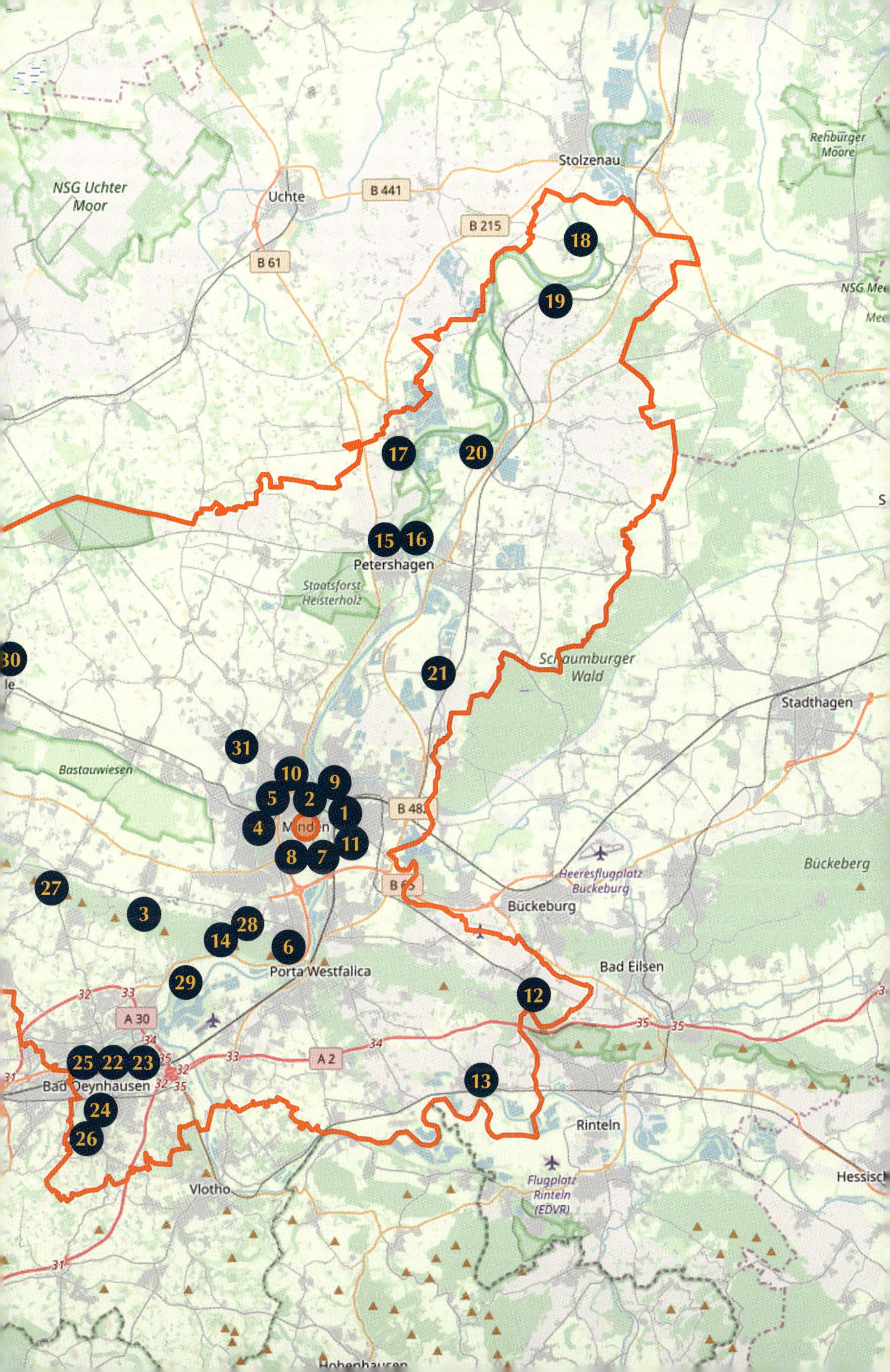
NSG Uchter Moor
Uchte
B 441
B 215
B 61
Stolzenau
Rehburger Moore
18
19
17
20
15
16
Petershagen
Staatsforst Heisterholz
Schaumburger Wald
21
Stadthagen
31
Bastauwiesen
10
9
5
2
1
4
Minden
11
8
7
B 482
B 65
27
3
28
14
6
Porta Westfalica
29
Heeresflugplatz Bückeburg
Bückeburg
Bückeberg
Bad Eilsen
12
A 30
A 2
25
22
23
Bad Oeynhausen
24
26
13
Rinteln
Vlotho
Flugplatz Rinteln (EDVR)

Winfried Hedrich

Kreis Minden-Lübbecke

55 Highlights aus der **Geschichte**

Menschen, Orte und Ereignisse, die unsere Region bis heute prägen

SUTTON HEIMAT

Inhalt

Grußwort des Landrats

Liebe Leserinnen und Leser,

das Gute an Geschichte ist, dass sie immer gleich aktuell bleibt – im Grunde genommen kann sie also gar nicht alt werden. Da ist es nur folgerichtig, dass es nun schon die zweite Auflage der „55 Highlights aus der Geschichte" des Kreises Minden-Lübbecke gibt. Die Highlights sind und bleiben interessante und prägende Geschichten aus der Geschichte unseres Mühlenkreises. Sie halten sie gerade in Ihren Händen, und ich kann Ihnen versprechen: Sie werden bestimmt immer wieder gerne in diesem Buch schmökern, wenn Sie neugierig darauf sind, in welchem Kreis Sie hier leben.

Ich wünsche Ihnen eine erkenntnisreiche Reise in die Vergangenheit, in andere Zeiten, deren Spuren bis ins Heute reichen. Die Schlacht bei Minden zum Beispiel hat damals das Machtgefüge der Welt beeinflusst – und ist heute zu einem Ort geworden, an dem sich die früheren Gegner zu einem geeinten und friedlichen Europa bekennen.

Gerade weil unsere Geschichte hier so verdichtet auf 55 Doppelseiten erscheint, veranschaulicht das Buch, wie reich wir an Vergangenheit sind – auf der ja schließlich unser heutiger Kreis Minden-Lübbecke fußt. Besonders freut es mich, dass die 55 Highlights genau zum 50-jährigen Bestehen des Kreises in neuer Auflage erscheinen. Wobei das Buch selbst zeigt, wieviel tiefer die geschichtlichen Wurzeln unseres Kreises reichen. Wer mit offenen Augen durch unseren Kreis geht – und natürlich vorher dieses Buch aufmerksam gelesen hat – für den wird das Leben der Menschen aus früheren Zeiten wieder lebendig. Vom Heringsfängermuseum über die Alte Brennerei zum Deutschen Automatenmuseum, über Gutshäuser, Mühlen und Kirchen bis zum Wasserstraßenkreuz – das Buch bietet eine bunte Vielfalt von Geschichte(n) und Entwicklungen.

Aus den Erfahrungen vergangener Generationen können wir bis heute lernen. Dabei ändert sich natürlich mit unserer eigenen Weiterentwicklung an der einen oder anderen Stelle unser Blick auf die Vergangenheit – das heißt, ein Buch wie dieses ist immer wieder lehrreich und interessant.

Gut, dass es Autoren wie Winfried Hedrich gibt, die kenntnisreich und mit Hingabe solche Geschichten aus der Geschichte sammeln, Hintergründe recherchieren und uns dann auch noch dieses umfassende Material so aufbereiten, dass es zum Schmökern einlädt. Vielen Dank!

Allen Leserinnen und Lesern wünsche ich viel Spaß und neue Erkenntnisse beim Lesen – und wer weiß, vielleicht lädt das Buch Sie oder Ihre Familie ja zu der einen oder anderen Erkundungstour im Kreis ein!

Beste Grüße
Ali Doğan
Landrat

Kreis Minden-Lübbecke
Land historischer Highlights

Ein Buch mit 55 Highlights aus der Geschichte des Kreises Minden-Lübbecke herauszubringen, erscheint auf den ersten Blick etwas mutig. In Deutschland gibt es jedoch keinen Flecken, der vom „Mantel der Geschichte" unberührt geblieben ist. Bei der Suche nach 55 Schlaglichtern will mir zunächst nicht viel einfallen. Aber Halt: Wenn man genau überlegt, kommen einem zahlreiche „Menschen, Orte und Ereignisse", wie der Untertitel verspricht, in den Sinn. Schnell ist man dann doch bei einer Überzahl an möglichen Themen, sodass man eine Auswahl treffen muss: Es sollen ja „nur" 55 Glanzlichter sein, „die unsere Region bis heute prägen".

Beginnen wir mit dem Erdzeitalter des Mittleren Jura, das uns versteinerte Reste von Sauriern wie das „Monster von Minden" (etwa 162 Millionen Jahre alt) hinterlassen hat. Den Gletschern der Saale-Weichsel-Eiszeit verdanken wir den Großen Stein von Tonnenheide (200.000 Jahre alt). Die naturgegebene geografische Lage mit der Weserfurt bei Minden, dem uralten Ost-West-Handelsweg, der Porta Westfalica und dem Wiehengebirge als ethnokulturellem Grenzwall zwischen Westfalen und Norddeutschland spielt eine nicht unwichtige Rolle für die Geschichte des Kreises Münden-Lübbecke. Die Geografie ist Dreh- und Angelpunkt der Geschichte. Siedler der Urzeit wählten den Platz an der Geländestufe über der Weserfurt schon früh als Heimat. Vorfahren (Sachsen, Kelten etc.) haben uns Highlights wie die 4.000 Jahre alte Himmelsscheibe von Nebra und damit mehr Fragen als Antworten hinterlassen.

Wenn man Geschichte als Reihe kriegerischer Auseinandersetzungen betrachtet, liegt man hier richtig. Die Schlacht, die am 1. August 1759 vor den Toren der Stadt Minden stattfand, ist ein historisches Highlight ersten Ranges. Die Folgen des Sieges der alliierten Truppen für die Weltgeschichte sind von überragender Bedeutung und der Name „Minden" wurde damit weltweit bekannt.

Nicht minder bedeutungsvoll ist die religiöse Historie der Region. Die erste protestantische Kirchenordnung Westfalens von 1530 verkündete Nikolaus Krage in Minden.

Im Dreißigjährigen Krieg wechselte Minden mehrmals die Seite. Ab 1648/50 spielte Preußen die dominierende Rolle. Friedrich der Große soll sechs Mal in Minden gewesen sein. Die Entwicklung Bad Oeynhausens ist ohne Protektion des preußischen Königshauses nicht denkbar. Mit der Festung Minden hatte man ein Bollwerk gegen den Nachbarn Hannover.

Alles Geschichte! Eine Geschichte von Auseinandersetzungen! Ein Blick auf die friedliche, kulturelle Seite zeigt, dass die Region, überwiegend landwirtschaftlich geprägt, mit Mühlen der verschiedensten Bauarten ihre technische Entwicklung aufnahm.

Der Mühlenkreis brachte namhafte Persönlichkeiten hervor: Johannes Wesling (1598–1649), Mediziner und Namensgeber des Mindener Mühlenkreis-Klinikums, Friedrich Bessel (1784–1846), Mathematiker und Astronom, Franz Boas

Der Lübbecker Marktplatz mit Bierbrunnen.

(1858–1942), Ethnologe, Physiker, Geograf, Gertrud von le Fort (1876–1971), Schriftstellerin, und Abraham Jacobi (1830–1919), den berühmten Vater der Kinderheilkunde in den USA, geboren in Hille-Hartum. Der Hochbegabte wanderte lieber aus, als in preußischen Gefängnissen zu sitzen. In den USA gehört er neben Carl Schurz und Levi Strauß zu den prominenten Einwanderern deutscher Herkunft. Es gibt Überlegungen, die „Schule für Kranke des Kreises Minden-Lübbecke" anlässlich seines 100. Todestages im Jahr 2019 in „Abraham-Jacobi-Schule" umzubenennen. Der Fall Jacobi zählt nicht zu den geschichtlichen Höhepunkten. Vielleicht wird durch die Umbenennung der Schule ein historisches Highlight aus dieser Geschichte.

Seit der Gründerzeit nahm die Entwicklung der Wirtschaft und des Verkehrs mit der Einführung der Eisenbahn und der Einrichtung des Mittellandkanals einen enormen Aufschwung. Heute ist der Kreis Minden-Lübbecke eine wirtschaftlich blühende Region. Der Mühlenkreis hat ein starkes touristisches Angebot, das auf soliden historischen Highlights gegründet ist. Das alte Minden, als Zentrum der neuen Via Molina, weist in eine positive Zukunft.

1 1.200 Jahre Kirchengeschichte
Der Dom zu Minden

Der Dom zu Minden ist über 1.000 Jahre alt. Das majestätische Gebäude mit dem romanischen Westwerk vermittelt den Eindruck einer mittelalterlichen Burg. Im Inneren erwartet den Besucher eine prachtvolle Kirchenhalle mit unerwarteten Schätzen aus der Domgeschichte.

Der Bau der frühgotisch-romanischen Basilika wurde um 952 begonnen, nachdem ein älterer Kirchenbau fünf Jahre zuvor abgebrannt war. Geweiht war der Dom ursprünglich dem heiligen Petrus, seit dem Neubau ist er dem heiligen Gorgonius, einem Märtyrer unter Diokletian, geweiht.

Das Bistum Minden blickt auf eine lange und wechselvolle Geschichte (799–1648) zurück. Die Bischöfe Mindens hatten großen kirchlichen und staatlichen Einfluss. Nach der Reformation kam es zum Verlust des Bischofsitzes und zur Aufhebung des Domkapitels im Jahr 1811. Heute gehört Minden zum Erzbistum Paderborn.

Am 28. März 1945 zerstörte ein Luftangriff den Dom bis auf die Grundmauern. Dennoch besitzt er zahlreiche herausragende sakrale Kunstschätze. Viele Stücke gehen auf Schenkungen und Stiftungen sowie auf die Förderung der Goldschmiedekunst zurück. Die Goldene Tafel ist eine 2002 geschaffene Nachbildung Südtiroler Künstler. Das wertvolle Original befindet sich seit 1909 im Berliner Bodemuseum. Es handelt sich dabei um den mittelalterlichen Flügelaltar, der fast 450 Jahre lang den Chorabschluss im Dom bildete. Das Mindener Kreuz über dem Altar ist ebenfalls eine Nachbildung. Das Original aus der Zeit vor 900 Jahren wird als größte Kostbarkeit in der Domschatzkammer aufbewahrt. Dort befindet sich zudem eine Fülle an sakralen Kunstwerken wie die Madonna mit dem Jesuskind aus dem 13. Jahrhundert, Monstranzen, Ziborium und Vortragekreuze.

Ein eimaliges Kunstwerk aus dem 13. Jahrhundert sind die Freskenmalereien auf dem vorderen rechten Vierungspfeiler. Sie zählen zu den besten gotischen Wandmalereien des Landes. Die acht Heiligen im unteren Bereich werden von dem überlebensgroßen Marienfresko mit dem Jesuskind überragt. Maria steht unter einem Baldachin, der einmal mit reichem Schmuck ausgestattet war. Das Fresko ist Teil eines alten Marienaltars, den Bischof Volkwin (1275–1293) aus Dankbarkeit über die Genesung von einem Augenleiden errichten ließ. Laut Hermann von Lerbeck (1345–1415) fanden viele Augenleidende und Blinde vor diesem Altar Hilfe und Heilung und konnten wieder sehen.

Ausschnitt aus dem Marienfresko aus dem 13. Jahrhundert am vorderen rechten Vierungspfeiler. ›

2 Gemeinde früher Reformatoren
Die Martinikirche in Minden

Die Martinikirche wurde bereits im 11. Jahrhundert erbaut und prägt das Mindener Stadtbild bis heute. Die Einrichtung des Kollegiatstifts und die Gründung der Kirche gehen auf die Zeit des Mindener Bischofs Sigebert (1022–1036) zurück, der im Chor von St. Martini beigesetzt wurde.

Die Martinikirche wurde an der Steilkante der Oberstadt im romanischen und gotischen Stil errichtet. Ihre wechselhafte Geschichte ist von Bränden, Umbauten und Erweiterungen gekennzeichnet. Seinen Turm mit spitzem Turmhelm erhielt das Gotteshaus 1142. Ein Brand im Jahr 1773 zerstörte den Kirchturm zusammen mit Glockenstube und Uhrenkammer. Der Turmhelm wurde nicht wieder aufgebaut und der Turm erhielt stattdessen das bis heute typische Querwalmdach. Ende des 13. Jahrhunderts wurde der Chor angebaut und das Langhaus im 14. Jahrhundert zur Hallenkirche umgestaltet. Den Zweiten Weltkrieg überstand die Kirche bis auf Fensterschäden unbeschadet.

Die Geschichte der Kirchengemeinde von St. Martini ist stark von der Reformation geprägt. Eine tragende Rolle spielte dabei Nikolaus Krage (1496–1559), der am Weihnachtsfest 1529 erstmals in St. Martini eine Predigt hielt. Sein reformatorischer Eifer veranlasste ihn, 19 Thesen aufzustellen und an allen Kirchentüren (außer am Dom) anzuschlagen. Krage verfasste die erste evangelische Kirchenordnung Westfalens, die im Februar 1530 in der Ratskirche St. Martini verkündet und anschließend in Lübeck gedruckt wurde. Die Annahme der neuen Kirchenordnung war gleichbedeutend mit der Durchsetzung der Reformation. Damit kam es zwischen dem katholischen Martinistift und der Stadt zum Bruch.

Krage war ein eifriger Prediger. Versammlungen nach dem Gottesdienst machten ihn verdächtig. Zwischen ihm, den Stadtoberen und der Gemeinde kam es zu Differenzen. Er galt als Aufrührer, weil er die niederen Stände hinter sich versammelte. Er zog sich in die Fischerstadt zurück und führte von dort seine Auseinandersetzungen mit der Stadt. Im Jahr 1535 wurde er schließlich aus Minden ausgewiesen. Dann machte er in Dänemark und Norddeutschland Karriere, befand sich aber weiterhin im Streit mit Minden. Rechtsstreitereien um ausstehende Gelder und eine Rente zogen sich bis 1545 hin. Seine letzte Station war 1553 die Pfarrei und Superintendentur in Salzwedel, die er seinem Förderer, Kurfürst Joachim II. von Brandenburg, zu verdanken hatte. Dort lebte Krage begütert und wohlhabend auf dem Anwesen der Kalandsbrüder, auf dem er 1559 verstarb. Seine Erben verkauften Teile des Vermögens an die Stadt Salzwedel.

Die Martinikirche ist untrennbar mit Krages Leben verbunden, der den Mindenern viel Stoff für die Geschichtsbücher geliefert hat. 2017 wurde daher an der Martinikirche eine Gedenktafel für den Mindener Reformator angebracht.

Blick von der Orgelempore in das Kirchenschiff mit der Renaissancekanzel von 1608. Hier verkündete Nikolaus Krage am 13. Februar 1530 die erste evangelische Kirchenordnung Westfalens.

3 Sensationeller Fossilienfund
Wiehenvenator albati

Die 1998 im Wiehengebirge entdeckten Fossilien stellten sich als versteinerte Überreste des größten in Deutschland gefundenen Raubsauriers heraus. Benannt nach seinem Entdecker, ging er als „Wiehenvenator albati“ in die Geschichte ein. Als „Monster von Minden“ ist er auf dem Panoramabild in der Ringterrasse am Kaiser-Wilhelm-Denkmal zu sehen.

Als der Geologe Friedrich Albat, stets auf der Suche nach Fossilien, in einem Steinbruch in der Nähe der Lutternschen Egge am 14. Oktober 1998 auf Versteinerungsreste stieß, ahnte er noch nicht, dass er die Entdeckung seines Lebens gemacht hatte. In der Ornatenton-Formation des Calloviums hatte er versteinerte Reste von Knochen und Zähnen eines Sauriers gefunden.

Zunächst wurde der Fund zur Geheimsache erklärt und eine Nachrichtensperre verhängt. Erst fünf Monate nach der Entdeckung, am 23. März 1999, titelt das „Mindener Tageblatt“ (MT): „Saurierreste im Wiehen gefunden“. Die Fundstelle, seitdem ein Bodendenkmal, wird nach wie vor geheim gehalten und ist nicht frei zugänglich.

18 Jahre nach dem Fund erhielt das „Monster von Minden" schließlich einen Namen: „Wiehenvenator albati". Der Paläontologe Dr. Klaus-Peter Lanser vom LWL veröffentlichte und kommentierte die Fundergebnisse im Jahr 2016. Erstaunliche Einzelheiten kamen dabei ans Tageslicht: Es handelt sich beim „Monster von Minden" um eine unbekannte Gattung der Sauropoden. Der Raubsaurier lebte im mittleren Jura (Mesozoikum) ca. 162 Millionen Jahre v. Chr und war wie der bekannte Tyrannosausus Rex ein Fleischfresser, aber mehr als doppelt so alt wie dieser. Seine Länge wird mit etwa 8 bis 10 Metern als „subadult" angegeben, er soll also noch nicht voll ausgewachsen gewesen sein. Zwei Wirbel vom Schwanz, Oberkiefer, Zwischenkieferbein, ein 18 Zentimeter langer Zahn, Rippenfragmente und eine komplette Rippe wurden gefunden. Die Rippe und die Größe der Zähne, die im Kiefer stark nach hinten gebogen waren, lassen Rückschlüsse auf die Größe des Sauriers zu. Die Forschungsergebnisse sind in der Ausstellung „Die Urzeit lebt" im LWL-Museum Münster (Sentruper Str. 285) zu finden. Dort wird auch der Vorgang der Petrifizierung beschrieben.

Das Wiehengebirge hält als Fundort von Fossilien immer wieder Überraschungen bereit und ist wohl ein Hotspot für Paläontologen. Ein Jahr später fand man nämlich in der Nähe der Fundstelle des Wiehenvenators die Überreste eines weiteren Raubsauriers, eines sogenannten Torvosaurus. Im Jahr 2014 wurde zudem der Schädel eines Meereskrokodils (Metriorhychus) entdeckt. Der letzte Fund wurde der Öffentlichkeit noch nicht vorgestellt, da sich die Fossilien zur weiteren Analyse an der Universität Bonn befinden. Das Ergebnis ist noch nicht bekannt. Der Wiehenvenator albati ist aber zweifellos das Highlight einer Reihe von Funden aus dem Mesozoikum.

Hypothetische Lebendrekonstruktion des Wiehenvenators albati.

4 Strategisch bedeutend
Die Festung Minden

Minden ist ein uralter Siedlungsort. Die Stadt war aufgrund ihrer Lage am Ost-West-Handelsweg, an der Weserfurt und der Porta Westfalica strategisch von großer Bedeutung und wurde daher durch eine Festung gesichert. Das hier von Heimatforschern angenommene und kolportierte „Munitium" (Befestigung) des Klaudios Ptolemäos liegt allerdings nicht bei Minden.

Der Platz am Abhang über der Weserfurt ist seit Jahrtausenden von Menschen bewohnt. Den Ort am Rand der Norddeutschen Tiefebene zu schützen, war von Beginn an von strategischer Bedeutung. Sehr früh war deshalb eine Stadtmauer vorhanden. Die erste Erwähnung hierzu ist für das Jahr 1270 nachweisbar. Schon im Jahr 1232 werden das Marientor und ein kleines Wesertor an der Furt erwähnt.

1306 konnte die Stadt die bischöfliche Oberhoheit ablegen und sich mit eigenem Rat verwalten. Damit gehörte auch die Wehrhoheit zu den Aufgaben der Bürgerschaft. Im Laufe der Zeit wurde die Stadtmauer mit ihren Toren zur Festung ausgebaut. Neue Wälle wurden vor den Mauern angeschüttet und an der Flussseite zur Weser vorgeschoben. Dadurch verlief die Mündung der Bastau im Bereich der Festung, sodass der Fluss Wasser für die umfangreiche Gräfteanlage lieferte. Um 1600 war die Festung voll ausgebaut und verfügte über ein turmartiges Wesertor, das den Flussübergang mit einem Brückenkopf auf dem westlichen Weserufer sicherte. Weitere vier Tore bewachten die anderen Zugänge zur Stadt: das Hausberger Tor und das Simeonstor nach Süden, das Königstor nach Westen und das Marientor nach Norden.

Im Dreißigjährigen Krieg besetzte der kaiserliche Feldherr Tilly 1625 Minden. Die bis dahin protestantische Stadt wurde rekatholisiert und wieder Bischofssitz. Die Besatzung dauerte neun Jahre. 1634 wurde Minden von schwedischen Truppen unter Georg von Braunschweig eingenommen und bis zum Ende des Dreißigjährigen Krieges gehalten. Nach Ende des Krieges 1648 wurde das Fürstentum Minden dem Kurfürsten von Brandenburg zugesprochen. Die Entwicklung wurde von nun an fast drei Jahrhunderte von Preußen bestimmt. Im Siebenjährigen Krieg (1756–1763) wechselte die Festung viermal den miltärischen Besitzer, spielte in der Schlacht von 1759 aber nur eine Nebenrolle.

Nach dem Krieg wurde die Festung von Friedrich II. formell aufgehoben. Im Jahr 1806 besetzten französische Truppen die Stadt, die bis zum Ende des französischen Kaiserreichs 1813 blieben. In dieser Zeit provisorischer Instandsetzungen diente die Simeonskirche als Militärspital, die St.-Johannis- und St.-Mauritius-Kirche wurden als Militärmagazine genutzt. Nach dem Wiener Kongress 1815 und der Erweiterung des preußischen Staatsgebiets begann ein Ausbau der Festung auf Order des Königs Friedrich Wilhelm III. In einer zweiten Ausbaustufe ab 1827 entstanden die Großbauten, die heute noch das Stadtbild prägen: die Defensionskaserne (1827–29), das Lazarett (1829–32), die Heeresbäckerei (1832–43) und das Proviant- und Körnermagazin (1835–36). Die dritte Ausbaustufe ab 1848 sah die Befestigung des Bahnhofs auf der Ostseite der Weser vor. Zu diesem Zweck errichtete man die Bahnhofsforts A, B und C. In einer vierten Ausbaustufe entstanden weitere Bauten wie das Proviantamt 1862 und ein Offizierskasino in der Kampsstraße. Nach der Annexion des Königreichs Hannover 1866 hatte die Festung Minden ihre Bedeutung verloren und wurde am 30. Mai 1873 per Gesetz aufgehoben. Nach der förmlichen Übernahme durch die Stadt konnten freigewordene Flächen bebaut, die Festungsmauern bis 1884 geschleift und in ihrem Verlauf der Grüngürtel angelegt werden.

Zurückblickend kann man sagen, dass die Festungsgeschichte die Entwicklung Mindens teilweise stark behindert und das Stadtgebiet in den Mauern eingeschnürt hat. Heute erfreuen sich die Mindenerinnen und Mindener am Glacisgürtel als der „grünen Lunge" der Stadt, einer Anlage, die der Weserstadt einen ganz besonderen, parkähnlichen Charme verleiht.

Modell der Festung Minden im Mindener Museum, Größe: 1,8 x 2,8 Meter. Das Holzmodell zeigt die Stadt Minden des Jahres 1873 im Maßstab 1:1000. Das Modell wurde zwischen 1997 und 1999 in etwa 4.200 Arbeitsstunden vom Mindener Modellbauer Bernd Vestweber gebaut. Die Arbeit am „interaktiven Stadtmodell" wird weiter fortgesetzt, um neue Aspekte der Stadtgeschichte aufzuzeigen.

5 Uralter Siedlungsraum
Die Mindener Altstadt

Die Altstadt von Minden vermittelt in ihren ältesten Teilen noch die Atmosphäre einer Festungsstadt. Innerhalb der engen Mauern lebten 50 Prozent mehr Einwohner als in vergleichbaren mittleren Städten.

Das Bild zeigt ein schönes Beispiel für den heutigen Zustand der Stadt. Rechts sieht man das Haus Nr. 38 von 1603, das ehemalige „Puppen-Museums-Café", und geradeaus in der Mitte das bekannte Haus am Windloch, das schmale Wohnhaus des ehemaligen Stadtmusikus (Martinikirchhof Nr. 10). Alle Häuser scheinen sich im Schutz der St.-Martini-Kirche zu ducken.

Besonders eng bebaut sind die Bereiche um die Martinikirche, am Rosengarten, am Johanniskirchhof und in der Fischerstadt. In der Oberstadt sind wohl die attraktivsten alten Fachwerkhäuser zu bewundern. Besonders malerisch ist die Museumszeile in der Ritterstraße. Der Friedensplatz mit der Alten Münze, dem ältesten Steinhaus Westfalens aus dem Jahr 1260, vermittelt dem Besucher mit Staffelgiebel und Maßwerkfenstern die Atmosphäre einer alten Stadtlandschaft. Am Papenmarkt kann man den gestaffelten Giebel des 1547 erbauten Hansehauses bestaunen. Ausgehend von der 1214 geweihten St.-Simeons-Kirche, die im Siebenjährigen Krieg als Lazarett diente, sollte man den Rundgang durch die Altstadt in Richtung Weingarten fortsetzen. Hier lohnt sich ein Abstecher zum Pauline-von-Mallinckrodt-Platz. Auf dem Weg durch die Vergangenheit sollte der Altstadtwanderer den zahlreichen Stolpersteinen seine Aufmerksamkeit schenken. Sie geben Zeugnis von jüdischen Bürgern, die in der dunkelsten Zeit deutscher Geschichte ihre Heimat zwangsweise verlassen mussten.

Landmarke an der Porta Westfalica
Das Kaiser-Wilhelm-Denkmal

6

Seit dem Jahr 1896 ist das Kaiser-Wilhelm-Denkmal die dominierende Landmarke an der Porta Westfalica. Seine Anziehungskraft als Tourismusmagnet ist über die Region hinaus ungebrochen.

Eines der bekanntesten Kaiser-Wilhelm-Denkmale thront in 268 Metern Höhe am Osthang des Wittekindsbergs über dem Weserdurchbruch Porta Westfalica. Es erinnert an Wilhelm I., den ersten deutschen Kaiser. Bereits kurz nach dessen Tod wurde es von der preußischen Provinz Westfalen in Auftrag gegeben. Das Standbild gestaltete der Bildhauer Caspar von Zumbusch. Das Gebäude entwarf der Architekt Bruno Schmitz, nachdem er die Ausschreibung des Architektenwettbewerbs gewonnen hatte. Zuvor hatte Schmitz bereits den Wettbewerb für das Kyffhäuserdenkmal für sich entschieden, später sollte u.a. noch die Gestaltung des Leipziger Völkerschlachtdenkmals folgen. Eingeweiht wurde das Denkmal nach vierjähriger Bauzeit am 18. Oktober 1896 im Beisein Kaiser Wilhelms II. und seiner Gattin Auguste Victoria.

2018 wurde die Ringterrasse und das Restaurant mit Aussichtsplattform, ein absoluter Publikumsmagnet, völlig neu gestaltet. Die Ausstellung zu historischen und naturgeschichtlichen Themen ist ein weiteres neues Highlight.

Eine Gedenktafel am Sockel des Denkmals liefert einige Daten zum Kaiser und Denkmal:

- Wilhelm I. (* 22.3.1797, † 9.3.1888)
- König von Preußen: 1858/61–1888
- Deutscher Kaiser: 1871–1888
- Gesamthöhe des Denkmals: 88 m
- Baldachin mit Kaiserkrone: 51 m hoch
- Standbild des Kaisers: 7 m hoch
- Material: Portasandstein
- Baukosten: 833.000 Goldmark

In der 2018 ausgebauten Ringterrasse nach historischem Vorbild befindet sich ein Besucherzentrum mit Restaurantbetrieb.

7 Heimat von Fischern und Schiffmüllern

Die Fischerstadt in Minden

Wer sich, von Osten kommend, der Stadt Minden über die Weserbrücke nähert, erkennt rechts eine Reihe von kleinen, malerischen Häusern, deren schmucke Giebel zur Weser zeigen: die Fischerstadt, uralter Siedlungskern Mindens, die Heimat von Fischern und Schiffmüllern.

Eingerahmt wird die Häuserzeile weserseitig von der ehemaligen Festungsmauer, die vor der Schleifung der Festung im Jahr 1878 1,5 Meter höher war. Ganz martialisch steht hier noch eine Kanone, die durch eine Scharte in der Mauer hinaus auf die Weser zeigt. Die Stadtmauer wurde im 16. Jahrhundert um die Fischerstadt errichtet. Auf dem Bild erkennt man den festungsartigen

Gemütliche Wohnlage hinter Festungsmauern: die Fischerstadt mit ihren charakteristischen Giebelfronten. Vor der Mauer verläuft der Weserradweg, aufgenommen 2012.

Charakter der Vorstadt, die früher durch einen Gräftekanal vom Festland getrennt war. Die Festung wurde um 1830 in der Zeit der preußischen Könige Friedrich Wilhelm III. und Friedrich Wilhelm IV. weiter ausgebaut.

An der Stelle, wo früher die Bastau in die Weser mündete, befand sich auch der alte Hafen der Stadt Minden. Der Flusshafen an der Schlagde war bis 1910 in Betrieb. In der Fischerstadt, neben der Simeons- und der Marienvorstadt eine der drei Kernstädte Mindens, siedelten Menschen, deren Erwerbsleben stark mit dem Fluss verbunden war. Neben den Fischern wohnten hier die zu jener Zeit viel beschäftigten Schiffmüller. Auf alten Stadtansichten kann man erkennen, dass auf dem Fluss zwölf Schiffmühlen verankert waren. Die Schiffmüller konnten nur in der „warmen" Jahreszeit ihrem Betrieb nachgehen, das bedeudet, dass zu dieser Zeit vor der Fischerstadt und im Hafen ein reger Verkehr mit ständigem Kommen und Gehen geherrscht haben muss.

Wer sich heute in der Fischerstadt umschaut, fühlt sich zwischen den kleinen Häusern und den engen Gassen in die alte Zeit versetzt. Mittlerweile ist die gemütliche Fischerstadt ein Wohnort für Individualisten, fast jedes Haus steht unter Denkmalschutz.

8 Beeindruckene Ingenieurskunst
Das Wasserstraßenkreuz Minden

Der Mittellandkanal ist mit einer Länge von 325 Kilometern die längste künstliche Wasserstraße in Deutschland und verbindet Rhein, Elbe und Oder. Etwa in der Mitte liegt das Wasserstraßenkreuz Minden, das seit 1915 die Verbindung zwischen Mittelandkanal und Weserschifffahrtsweg herstellt.

Wasserstraßenkreuz Minden im Jahr 2002.

Die Luftaufnahme zeigt das von 1910 bis 1915 gebaute Wasserstraßenkreuz Minden. Die Kanalbrücken überspannen mit 370 und 398 Metern Länge die Weser und die Weserwiesen. Am linken Bildrand erkennt man die Schachtschleuse, die den Höhenunterschied von 13 Metern zwischen Weser und Kanalniveau überbrückt. Die Weser fließt von rechts unten nach oben in nördlicher Richtung durch Minden. In der linken Bildhälfte sind Abstiegs- und Unterhafen zu sehen, im Vordergrund links der östliche Teil des Kanalhafens. Die alte Kanalbrücke wurde nach einer Bauzeit von 33 Monaten am 25. Mai 1914 in Betrieb genommen. Sie besteht aus zwei Strombögen und sechs Flutöffnungen zum Hochwasserabfluss. Die Wasserspiegelbreite liegt bei 24 Metern und die Tiefe bei 3 Metern. Ausgeführt in Betonbauweise, wurde das Bauwerk mit Basaltlava und Sandsteinplatten verkleidet.

Im Zweiten Weltkrieg wurde die Kanalbrücke am 4. April 1945 von deutschen Truppen gesprengt. Durch Schließen der Sicherheitstore lief der Kanal nur teilweise leer. Die Weser wurde von den Trümmern aufgestaut und floß durch die sechs Flutbögen ab. Durch einen Umflutkanal wurde der Schiffsverkehr notdürftig aufrechterhalten. Die zerstörte Kanalbrücke wurde zwischen 1947 und 1949 in Stahlbeton wieder aufgebaut.

Um den Verkehr mit Großmotorschiffen zu ermöglichen, wurde ab 1993 die zweite Kanalbrücke gebaut. Sie hat eine Wasserspiegelbreite von 42 Metern und eine Tiefe von 4 Metern. Ausgeführt als Trogbrücke in Stahlbauweise, wurde sie dem Schiffsverkehr am 25. August 1998 übergeben. Die alte Kanalbrücke ist den Sportbooten vorbehalten. Für den zunehmenden Verkehr der Großmotorgüterschiffe zwischen Mittellandkanal und Weser wurde ab 2009 mit dem Bau der größeren Weserschleuse begonnen, die 139 Meter lang, 12,5 Meter breit und seit 2017 in Betrieb ist.

Die Mindener Fahrgastschifffahrt führt Touristen mit einer Weserkreuzfahrt in die Welt des Wasserstraßenkreuzes ein. Höhepunkt ist eine Fahrt mit dem Raddampfer „Wappen von Minden“ durch die Schachtschleuse, die seit über 100 Jahren störungsfrei ihren Dienst versieht.

9 Mit voller Wasserkraft
Die Schiffmühle auf der Weser

Schiffmühlen sind schon aus der römischen Geschichte bekannt. Während der Belagerung Roms durch die Ostgoten im 6. Jahrhundert n. Chr. wurde die Wasserzufuhr über die Aquädukte, die die Wassermühlen antrieben, unterbrochen. Die findigen Römer verbanden paarweise Schiffe auf dem Tiber und statteten sie mit einem Mühlrad aus, um die Stadt weiterhin mit Mehl versorgen zu können.

Schiffmühlen waren in der Zeit um 1300 weit verbreitet. Es ist bekannt, dass 1243 eine Schiffmühle in Petershagen, um 1326 eine vor Minden und weitere an der Oberweser lagen. Ihre Blütezeit hatten sie im 16. und 17. Jahrhundert. Die Arbeitswelt der Schiffmüller war um 1600 von Auseinandersetzungen mit Betreibern der Windmühlen gekennzeichnet, da diese eine starke Konkurrenz darstellten.

Alle Schiffmühlen im Kreisgebiet verschwanden um 1800. Es gab viele Gründe

für ihr Verschwinden. Als erstes ist der höhere Wirkungsgrad der Wind- und Wassermühlen auf dem Land zu nennen. Wechselnder Wasserstand war ein weiterer Nachteil. Bei Hochwasser war das „Mahlen auf dem Wasser“ gefährlich, bei Niedrigwasser war die Grenze der Betriebsfähigkeit erreicht. Ein weiteres Problem war die Anfälligkeit gegen Angriffe. Im Dreißigjährigen Krieg zerstörten die Schweden zu Beginn der Belagerung die Mindener Schiffmühlen mit Artilleriefeuer. Der steigende Schiffsverkehr der Neuzeit trug wesentlich zum Rückgang der Schiffmüllerei bei.

Nun zu unserer neuen Schiffmühle: Die seit 1998 vor Minden liegende Schiffmühle besteht aus dem großen Hausschiff und dem schmalen Wellschiff. Dazwischen dreht sich das mächtige zehnarmige unterschlächtige Schaufelrad mit einem Durchmesser und einer Breite von je fünf Metern. Die neun Meter lange Welle treibt über ein Getriebe aus Stock- und Kammrädern das Mahlwerk an. Die Mindener Schiffmühle ist mit ihrem altertümlichen Beutelgang die einzige mit Wasserkraft mahlfähige Mühle ihrer Bauart. In den Wintermonaten findet sie im Mindener Osthafen einen Ankerplatz zum „Überwintern“.

Heute können Besucher die Schiffmühle in der Mühlensaison über einen sicheren Steg betreten und im Innern die interessante Arbeitswelt des Schiffmüllers im 17. Jahrhundert kennenlernen.

Schiffmühle vor Minden und der Porta Westfalica, 2009.

10 Revolution auf dem Kaffeemarkt
Melitta

Sauberer Kaffeegenuss: Eine kleine Erfindung für den Haushalt revolutionierte die Kaffeekultur. Aus Melitta Bentz' Idee entstand 1908 eine bahnbrechende Methode zum Kaffeebrühen, mit der das Unternehmen die Weltmarktführung übernahm.

Melitta ist den meisten Menschen ein Begriff und wird sofort und automatisch mit Kaffeegenuss assoziiert. Dabei handelt es sich bei dem wohlklingenden Namen um den Namen einer erfindungsreichen sächsischen Hausfrau: Amalie Auguste Melitta Bentz, geb. Liebscher (* 1873 in Dreden, † 1950 in Porta Westfalica-Holzhausen). Melitta Bentz suchte nach einer Methode, um den lästigen Kaffeesatz, der den Kaffeegenuss stets trübte, vom beliebten Heißgetränk zu trennen. Dabei hatte sie die bahnbrechende Idee, den Boden einer Dose zu durchlöchern und mit Löschpapier aus den Schulheften ihrer Kinder kaffeedurchlässig, aber kaffeesatz-undurchlässig zu bedecken. Die Methode fand in ihrem Bekanntenkreis großen Anklang. Melitta Bentz entschloss sich daraufhin, ihre Erfindung als Gebrauchsmuster schützen zu lassen und zu vermarkten. Am 20. Juni 1908 erteilte das kaiserliche Patentamt einen sogenannten Gebrauchsmusterschutz für ihren Rundfilter samt vorgefertigtem Filterpapier und am 15. Dezember 1908 wurde das junge Unternehmen in das Handelsregister eingetragen, mit einem Eigenkapital von 73 Pfennig. Damit war der Grundstein für eine Firma gelegt, die noch viele weitere Innovationen hervorbringen sollte. Der Familienbetrieb, in dem die Söhne Willy und Horst als erste Mitarbeiter tätig waren, entwickelte sich in der Zeit vor dem Ersten Weltkrieg zu einem stark expandierenden Unternehmen. Die Erfindung sollte zu einem durchschlagenden Erfolg im Haushalt und Gaststättengewerbe werden. Im Jahr 1911 erhielt die Firma für ihren Kaffeefilter goldene und silberne Medaillen der Internationalen Hygieneausstellung und des sächsischen Gastwirtvereins.

Aufgrund des schnell wachsenden Geschäfts und Familienzuwachses wurde die Vierzimmerwohnung zu klein und der Familienbetrieb musste 1915 in eine größere Wohnung umziehen. Im Ersten Weltkrieg brachte Melitta Bentz mit der Herstellung von Kartons den Betrieb sowie sich und ihr Kinder durch die Kriegsjahre. Ihr Ehemann Johannes Emil Hugo Bentz war an der Front. Nach dem Krieg wuchs das Unternehmen weiter. In den 1920er-Jahren kamen weitere Gebäude dazu. Es waren bereits 100.000 Filter hergestellt worden.

1929 erfolgte der Umzug von Dresden – in der sächsischen Hauptstadt fanden sich keine geeigneten Produktionsräume – nach Minden in Westfalen. Die Nachfrage nach Melitta-Produkten war inzwischen so groß, dass die Firma stark expandieren musste. Die Produktion wurde in zwei Schichten mit etwa 80 Mitarbeitern durchgeführt.

Das Melitta-Werksgelände an der Ring-/Melittastraße, 2018.

Auch nachdem sie sich nach einem arbeitsreichen Leben aus dem Geschäft zurückgezogen hatte, war Melitta Bentz weiterhin das „soziale Gewissen“ des Unternehmens. Bis ins hohe Alter kümmerte sie sich engagiert um die Mitarbeiter. Durch Erfindungsreichtum und leidenschaftlichen Unternehmergeist baute die Familie den Betrieb zu der Melitta Unternehmensgruppe Bentz KG mit Sitz in Minden weiter aus. Heute werden 3,1 Tonnen Filterpapier pro Woche und etwa 50 Millionen Filtertüten pro Tag hergestellt. Die Firmengruppe ist international tätig und beschäftigt mehr als 4.500 Menschen weltweit. Unter dem Markennamen Melitta findet der Kaffeeverbraucher alles, was zu einer guten Tasse Kaffee gehört: Filter- und Bohnenkaffe, Kaffeepads, Instant-Spezialitäten, Filtertüten, Handfilter, Filterkaffeemaschinen, Kaffeevollautomaten, Kaffeemühlen, Wasserkocher, Milchaufschäumer und vieles mehr – und das in über 40 Ländern weltweit.

Namen wie Melitta Bentz hinterlassen in ihrem Wirkungsbereich Spuren in der Geschichte. Ihr zum Gedenken gibt es heute in Dresden, Schwäbisch Gmünd, Sarstedt, Telgte und München eine Melitta-Bentz-Straße, in Minden und Stuttgart die Melittastraße. In der Tageszeitung „Dresdner Neueste Nachrichten“ wurde sie im Jahr 2000 zu einer der „100 Dresdner des 20. Jahrhunderts“ gewählt. Auf dem Mindener Nordfriedhof fand sie 1950 ihre letzte Ruhe.

11 Mit Volldampf voraus
Museums-Eisenbahn Minden (MEM)

Die Museums-Eisenbahn Minden e. V. ist ein Verein von Freunden alter Eisenbahntechnik, der es sich zum Ziel gesetzt hat, historische Schienenfahrzeuge für die Nachwelt zu erhalten und zu pflegen.

Die Mindener Museums-Eisenbahn ist ein eingetragener Verein, der durch den Zusammenschluss von Mindener und Preußisch Oldendorfer Eisenbahn-Arbeitsgruppen im Jahr 1977 aus der Taufe gehoben wurde. Erklärtes

Der Preußenzug, bestehend aus Fahrzeugen der ehemaligen Königlich-Preußischen Eisenbahnverwaltung (KPEV), im Jahr 2006 bei der Fahrt über die alte Eisenbahnbrücke in Richtung Kleinenbremen.

Ziel war von Beginn an, alte historische Dampflokomotiven zu sammeln, zu restaurieren, zu pflegen und mit viel Engagement wieder auf die Schiene zu bringen. Gefahren wird auf stillgelegten Strecken der Mindener Kreisbahn (MKB) und der Dampfeisenbahn Weserbergland (DEW). Zwischen 1991 und 2002 verkehrte die MEM auch auf der Strecke Rahden–Uchte, bis sich die Museumseisenbahn Rahden-Uchte e. V. gründete, die die Strecke seitdem selbst betreibt und in Rahden ein eigenes Stellwerk mit Werkstattbetrieb unterhält. Standorte der MEM sind in Minden-Oberstadt und in Preußisch Oldendorf, wo Fahrzeughallen mit Werkstätten in Betrieb sind.

In den Sommermonaten wird nach festem Fahrplan gefahren. Der Verein verfügt zurzeit über sieben Dampflokomotiven. Das Glanzstück ist die 100 Jahre alte T 13 „Stettin 7906“. Im Fuhrpark sind derzeit etwa 20 Personenwagen vorhanden, u. a. Fahrzeuge der ehemaligen Königlich-Preußischen Eisenbahnverwaltung (KPEV), die zum historischen Preußenzug zusammengestellt werden können.

12 „Glück auf!" Besucherbergwerk Kleinenbremen

Johann Dinnendahl stellte 1835 beim königlichen Oberbergamt den Antrag für die Abbaugenehmigung von Eisenerz, um die verarmten Menschen in der Region „wohlverwahrt" in Lohn und Brot zu bringen. Die Erlaubnis kam prompt am 8. Juli desselben Jahres.

Einfahrt in die Welt unter Tage: Je zwei erwachsene Personen finden Platz in einem Abteil, 2019.

Das war die Geburtsstunde der Eisenerzgrube „Wohlverwahrt“ in Kleinenbremen. In der Zeit der zögerlichen Politik der preußischen Könige kam die Grube aber nicht recht in Betrieb. Erst 1883, zwölf Jahre nach der Reichsgründung, wurde der Abbau von Erz in vollem Umfang aufgenommen. Die Arbeit des Bergmanns war zu jener Zeit noch durch harten körperlichen Einsatz geprägt.

Presslufthämmer kannte man noch nicht; das Bohrloch musste mit Hammer und Meißel in den Fels getrieben werden. Eine Knochenarbeit, die auch nach der Einführung des Presslufthammers nichts von ihrer Härte verloren hat. Lärm, Staub und die schlechte Luft unter Tage setzten dem Bergmann zu. Sprichwörtlich war aber das kameradschaftliche Gefühl und der gegenseitige Respekt der Bergleute untereinander. Abgebaut wurde eisenerzhaltiges Gestein der geologischen Formation des Korallenoolith, das in der „Wohlverwahrt“-Grube eine Mächtigkeit von bis zu 3,5 Meter erreichte. Im Jahr 1923 wurde der Betrieb der Grube „Wohlverwahrt“ nach Erschöpfung des Eisenerzes vorübergehend eingestellt. 1935, in der Zeit der massiven Aufrüstung vor dem Zweiten Weltkrieg, wurde die Grube wieder in Betrieb genommen. Der Abbau dauerte noch bis 1957, ehe der Erzbergbau in Kleinenbremen die Grenzen seiner Wirtschaftlichkeit erreichte.

Am 18. Mai 1988 wurde ein wichtiger Schritt unternommen, um an die harte Arbeit der Kumpel unter Tage zu erinnern: Das Besucherbergwerk Kleinenbremen wurde feierlich eröffnet. Um der Nachwelt die Arbeitswelt der Bergleute nahezubringen, wird die Grubeneinfahrt in kleinem Umfang aufrechterhalten. Mit dem alten Bergmannsgruß „Glück auf!“ werden interessierte Besucherinnen und Besucher in den Berg gefahren. Bei Zwischenstopps kann man die „Kathedralen unter Tage“ und den blauen See bewundern. Anhand der mächtigen Räum- und Bohrmaschinen, der Transportgeräte und „Schrappern“ erzählen ehemalige Bergleute vom Leben unter Tage. Das Museum für Bergbau und Erdgeschichte zeigt, wie sich die Arbeitswelt der Bergleute durch technische Entwicklungen im Laufe der Zeit gewandelt hat.

13 Adel verpflichtet
Das Rittergut Eisbergen

Das Rittergut ist ein uralter Adelssitz. Das Gutsgelände mit attraktiven Nebengebäuden und einer stattlichen Hängebuche als botanischem Naturwunder liegt am rechten Weserufer in Porta Westfalica-Eisbergen.

Das Rittergut Eisbergen wird 1396 mit dem Eigentümer Florecke von Zerssen erstmals erwähnt. Weiterer Eigentümer der Familie von Zerssen war in der Folge z.B. Heinrich Julius von Zerssen (* Juni 1583, † 2.12.1648). Im Jahr 1747 erwarb Paulus Andreas von Schellersheim († 9.7.1781) das Rittergut. Freiherr von Schellersheim war preußischer Geheimer Rat und Stiftshauptmann in Quedlinburg. In der Funktion des Stiftshauptmanns der bedeutenden Stadt im Harzvorland ging von Schellersheim in die Geschichte ein. Im Jahr 1754 untersagte er den Quedlinburger Bürgern, sich von Dorothea Christiane Erxleben (* 13.11.1715, † 13.6.1762) ärztlich behandeln zu lassen. Er forderte die praktizierende Ärztin auf, innerhalb von drei Monaten ihr Examen abzulegen. Friedrich der Große veranlasste die Universität Halle, die Ärztin zur Promotion zuzulassen. Ihre Dissertation widmete sie dem Freiherrn von Schellersheim. Am 12. Juni 1754 wurde Erxleben von Prof. Juncker an der Universität Halle zum „Doktor der Arzneygelahrtheit" erklärt. Erxleben war die erste und für 150 Jahre einzige Ärztin, die in Deutschland promovieren und ihren Beruf ausüben durfte.

Das Rittergut diente Paulus Andreas von Schellersheim und seiner Gattin Benedikte Luise von Hammerstein als Altersruhesitz und ist nach wie vor im Besitz der Familie von Schellersheim. Zum Rittergut gehören ein Park mit der uralten Hängebuche, eine Orangerie, ein Eiskeller, Ställe und Nebengebäude sowie eine Reitsportanlage, die nach Absprache besichtigt werden kann.

Das aktuelle Erscheinungsbild des Rittergutes ist eine Symbiose aus Natur, Geschichte und Architektur, 2016.

14 Klein, aber fein
Die Margarethenklus

Die auf dem 281 Meter hohen Wittekindsberg gelegene kleine Kirche wurde vor dem Jahr 1000 errichtet. Eine genaue Jahreszahl ist nicht bekannt. Ob es sich um einen Bau des 992 vom Bischof Milo gegründeten Benediktinerinnenklosters handelt, ist historisch nicht belegt.

Die Margarethenklus wird im Jahr 1224 erstmals erwähnt. Überlieferungen zufolge drohte die Kapelle Anfang des 19. Jahrhunderts einzustürzen. Ab 1842 wurde sie aber nachhaltig instand gesetzt und auf einem älteren soliden Unterbau wieder errichtet.

Bei dem Gebäude handelt es sich um einen schlichten aus Bruchstein gestalteten kleinen Kirchensaalbau mit einer Länge von 16 Metern und einer Breite von knapp 10 Metern. Auf dem Satteldach thront ein kleiner Glockenaufsatz. Eine Apsis ist nicht vorhanden. Die Decke ist zweijochig mit kuppelartigen Schildbögen ausgeführt. Ein querverlaufender Gurtbogen wurde später eingefügt. Mit den vier kleinen Rundbogenfenstern ist die Kapelle eindeutig der Romanik zuzuordnen.

Heute dient die Margarethenklus kulturellen und religiösen Veranstaltungen. Taufen und Hochzeiten gehören zu den beliebten gottesdienstlichen Höhepunkten. Die schlichte äußere Erscheinung mit der antiken Anmutung lässt nicht vermuten, dass der kleine Saal mit überraschend guter Akustik aufwartet.

Die Margarethenklus liegt direkt am Wiehengebirgsweg. Der Wanderer, der den Weg bis hierher gefunden hat, sollte den in unmittelbarer Nähe gelegenen geschichtlichen Highlights wie der Kreuzkirche und der Wittekindsburg einen Besuch abstatten. Auch der am Hang des Wiehengebirges befindliche Startplatz für Drachensegler garantiert spannende Momente für Flugbegeisterte.

Die Margarethenklus auf dem Wittekindsberg im Wiehengebirge, 2014.

15 Einzigartiges jüdisches Ensemble
Alte Synagoge und Mikwe

Eine „Stubensynagoge" wird in den Petershagener Chroniken erstmals im Jahr 1652 erwähnt, die jüdische Gemeinde in Petershagen ist aber wesentlich älter. Das Haus der Synagoge wurde 1845/46 erbaut. Heute beherbergt es ein Informations- und Dokumentationszentrum zur jüdischen Orts- und Regionalgeschichte.

Das Synagogengebäude in Petershagen liegt in der Goebenstraße, der ehemaligen Synagogenstraße, und wurde 1845/46 an der Stelle der alten, baufälligen Fachwerksynagoge von 1796 erbaut. Es handelt sich um ein eingeschossiges, traufständiges und etwa 80 Quadratmeter großes Backsteingebäude mit Sandsteinsockel und Satteldach. Schon 1652 wird eine sogenannte Stubensynagoge erwähnt. Während des Pogroms von 1938 wurde die Synagoge am 10. November geschändet und die Inneneinrichtung zerstört. Das Gebäude blieb erhalten und wurde wie die Schule nebenan Anfang 1939 verkauft. Seitdem hatte es verschiedene Nutzungen und diente bis in die 1990er-Jahre als Lagerraum.

Seit 1988 steht das Gebäude unter Denkmalschutz, 1995 geriet es in den Blick der Öffentlichkeit und wurde 1998 von der Stadt gekauft und saniert. Im Jahr 2001 wurden die Sanierungsarbeiten beendet und das Gebäude wurde eingeweiht. Im Innern ist die ehemalige Anordnung von Bima, Frauenempore und Thorabereich klar zu erkennen. Eine Bronzetafel erinnert an die ermordeten Petershagener Juden. Am 4. Juni 2009 verlegte der Kölner Künstler Gunter Demnig die ersten elf Stolpersteine in Petershagen, mittlerweile sind es 36.

Es ist anzunehmen, dass die jüdische Schule in der Goebenstraße 5 gleichzeitig mit der Vorgängersynagoge 1796 als Fachwerkbau errichtet wurde. Die Schule war bis 1916 in Betrieb. Das Klassenzimmer, 1878 bei einem Umbau im Innenbereich nach Süden verlegt, konnte bis zu 24 Schüler aufnehmen. Nebenan befand sich das Zimmer für den Lehrer und die Mikwe, das im Frühjahr 2008 freigelegte jüdische Ritualbad. Die Synagoge und die Empore konnten nur von der Schule aus betreten werden. 1999 wurde auch die Schule unter Denkmalschutz gestellt und 2007 von der Arbeitsgemeinschaft Alte Synagoge Petershagen e. V. und der Stadt gekauft. Archäologische Untersuchungen, Grabungen und die Entkernung begannen im März 2008, Sanierung und Rekonstruktion ab 2009. Sie wurden 2012 abgeschlossen.

Das Informations- und Dokumentationszentrum zur jüdischen Orts- und Regionalgeschichte in der Synagoge, 2003 eröffnet, weist neun Vitrinen auf. Die erste Vitrine widmet sich der Funktion und den Elementen einer Synagoge, den Einrichtungsgegenständen und dem Gottesdienst. Die Vitrinen zwei bis fünf beschreiben und belegen die Entwicklung der jüdischen Gemeinde in Petershagen vom 16. bis ins 19. Jahrhun-

Die Synagoge ist Teil des in Norddeutschland einzigartigen jüdischen Ensembles.

dert. Die erstmalige Nennnung zweier jüdischer Einwohner erfolgte 1548/49. Drei Vitrinen behandeln das 20. Jahrhundert mit der Kaiserzeit, der Weimarer Republik, dem „Dritten Reich“ und dem Pogrom und seinen Folgen. Die neunte Vitrine im Bereich des Thoraschreins präsentiert eine Thorarolle, Gebetbücher und einen Chanukkaleuchter der Merkel-Grundmann-Gesellschaft Vlotho.

Der jüdische Friedhof „Auf dem Judenberg“ an der Brandhorststraße in Petershagen ist heute eine Gedenkstätte. Ein Gedenkstein erinnert seit 1949 an die Opfer der NS-Gewaltherrschaft. Im Grundbuch von Petershagen sind bis 1939 zwei jüdische Friedhöfe mit zusammen fast 3.000 Quadratmetern Fläche verzeichnet, wovon heute nur noch 700 Quadratmeter erhalten sind. Ein Begräbnisplatz scheint schon seit dem 17. Jahrhundert existiert zu haben. Von 1943 bis 1945 wurden hier die Opfer des „Arbeitserziehungslagers Lahde“ beerdigt. Nur der Grabstein der Familie Block ist noch vorhanden, alle anderen Grabsteine wurden entfernt und die Gräber eingeebnet.

(Text: Arbeitsgemeinschaft Alte Synagoge Petershagen e. V., Wolfgang Battermann)

16 Einstige Residenz der Mindener Bischöfe
Schloss Petershagen

Schloss Petershagen, als Sitz des Fürstbischofs Gottfried von Waldeck 1306 erbaut, liegt malerisch am linken Weserufer und war bis zum Ende des Dreißigjährigen Krieges Bischofssitz. Seit 1901 ist es Eigentum der Familie Hestermann, die es von 1967 bis August 2018 als Hotel betrieb.

Das große Selbstbewusstsein der Mindener Bürgerschaft, bestehend aus Händlern, Handwerkern und Kaufleuten, führte schon früh zu Differenzen mit dem Fürstbistum. Die Auseinandersetzungen mit dem Fürstbischof Gottfried von Waldeck (* um 1255, † 1324, Bischof von Minden 1304–1324) erreichten um 1306 einen Höhepunkt mit dem Ergebnis, dass der Bischofssitz von Minden in den damals noch Hockleve genannten Ort an der Weser verlegt wurde. Die Ortschaft wurde in Petershagen umbenannt und war fortan bis zum Ende des Dreißigjährigen Krieges Residenz der Mindener Bischöfe.

Während seiner wechselvollen Geschichte wurde das Schloss mehrfach umgestaltet. Unter Bischof Franz II. von Waldeck (* 1491, † 1553) baute der bekannte Baumeister Jörg Unkair die Wasserburg von 1544 bis 1547 zu einem Renaissanceschloss aus. In dieser Zeit entstanden der Treppenaufgang im Innenhof und die Bastion zur Weserseite.

Im Dreißigjährigen Krieg (1618–1648) wurde das Fürstbistum Minden von Schweden besetzt. Nach Ende des Krieges wurde das Fürstbistum Minden den Hohenzollern, Herzögen von Preußen und Kurfürsten von Brandenburg, zugesprochen. Bis 1669 war Schloss Petershagen Sitz der Regierung des Fürstentums Minden. Nach der Aufgabe als Regierungssitz drohte der Verfall. 1780 wurde das Hauptgebäude bei einem Brand beschädigt.

1901 erwarb Heinrich Hestermann die Gebäude und ließ sie wieder in einen bewohnbaren Zustand versetzen. Seine Nachfolger führten das geschichtsträchtige Anwesen durch die Wirren des Zweiten Weltkriegs. Nach Beseitigung der Kriegsschäden und weiteren Umbauten wurde das Schloss Petershagen ab 1967 als Hotel in Betrieb genommen. Es verfügte über 15 Hotelzimmer, das Restaurant und Café „Orangerie“ sowie den St.-Gorgonius-Keller, die ehemalige Schlossküche, in der mittelalterliche Festmahle veranstaltet wurden. Im Schlossgarten befand sich zudem ein Schwimmbad. Auch eine Diskothek war zeitweise im Schloss untergebracht.

Das Hauptportal von Schloss Petershagen, 2009. ›

17 Die Kunst des Glasmachens
Glashütte Gernheim

Die Glashütte Gernheim, ein Standort des LWL-Industriemuseums, zeigt das Glasmacherhandwerk zwischen Geschichte und Gegenwart. Im Glasturm von 1826 arbeiten Glasmacher am Ofen und demonstrieren, wie sie im kunstvollen Umgang mit ihren Spezialwerkzeugen aus der glühenden Glasmasse Gefäße formen.

Die Kunst des Glasmachens hat an der Weser Tradition. Viele Mundblashütten stellten hier Glas für den Weltmarkt her. In den meisten Hütten sind die Feuer längst erloschen. Die Glashütte Gernheim hat die Glasbläserei an einem Originalschauplatz für Museumsbesucher wieder aufgenommen. Im Gernheimer Glasturm von 1826, einem der letzten erhaltenen Gebäude dieser Art in Deutschland, erlebt der Besucher täglich (außer montags), wie die Glasmacher mit Pfeife, Holzform und Schere aus der glühenden Glasmasse Gefäße herstellen. Das Museum präsentiert die Stationen der Glasherstellung vom Mischen des Gemenges bis zum geschliffenen und bruchsicher verpackten Endprodukt.

Große Teile des Fabrikhofs sind erhalten geblieben: Die Korbflechterei und die Arbeiterhäuser sind die ältesten dieser Art in Westfalen. Eine Besonderheit der Arbeiterhäuser ist die „Dunkelkammer", in denen der müde Nachtarbeiter am Tag schlafen konnte. Der Betrieb des Glasofens stand nie still, der Mensch musste sich auf diesen Arbeitsrhytmus einstellen.

Die ersten „Waldglashütten" entstanden an der Weser vor 700 Jahren. Die Glashütte Gernheim wurde 1812 von den Bremer Kaufleuten Schrader und Lampe gegründet. In der Zeit um 1820 errichtete man nach englischem Vorbild den markanten Glasturm für die Produktion von Fensterglas. Die Hütte exportierte ihre Waren über die Weser in die ganze Welt. Auch die Kohle für die Schmelzöfen wurde über den Fluss herangeschafft. Der Transport des Heizmaterials war am Ende so teuer, dass die Produktion unwirtschaftlich wurde. Das Jahr 1877 brachte schließlich das endgültige Aus für die Hütte. Nach 100 Jahren Dornröschenschlaf nahm der Landschaftsverband Westfalen-Lippe das Gebäudeensemble in sein Industriemuseum auf. Nach umfangreichen Restaurierungsmaßnahmen an dem Baudenkmal wurde das Museum 1998 eröffnet und der Ofen wieder in Betrieb genommen. Kleine Serien von geschliffenen Gläsern entstehen im Produktionsbereich. Wechselnde Ausstellungen mit Exponaten der Glasmacherkunst werden präsentiert. Die Glashütte Gernheim zieht jährlich viele internationale Glaskünstler und Besucher an.

Glasbläser demonstrieren Besuchern ihr Handwerk, 2012. ›

18 Große Speicherkapazitäten
Scheunenviertel Schlüsselburg

Das Scheunenviertel außerhalb von Petershagen bestand schon vor dem Dreißigjährigen Krieg als Vorratssicherung für Getreide, Heu, Stroh und andere landwirtschaftliche Produkte. Gebäudeansammlungen in ähnlicher Form finden sich auch im benachbarten Niedersachsen. Zusammen mit neun weiteren Scheunenvierteln wird das Scheunenviertel Schlüsselburg im Rahmen des Programms „Regionale Scheunenviertel der Aller-Weser-Hunte-Region" der Öffentlichkeit vorgestellt.

Bereits zu Beginn des 17. Jahrhunderts lassen sich Scheunen außerhalb des eigentlichen Stadt-Wohngebiets nachweisen. Durch allzu häufig auftretende Brandkatastrophen und wegen der oft engen Bebauung des Ortes entschlossen sich die Schlüsselburger, Erntevorräte, Saatgut, Ackergeräte etc. außerhalb der Hofstätte sicher zu lagern. Aufgrund des Dreißigjährigen Kriegs, von Plünderungen und Bränden verarmte der Ort. In Chroniken wird berichtet, dass die große Feuersbrunst von 1617 den Ort in Schutt und Asche legte, nur die Kirche, die Burg sowie ein Bürger- und Backhaus wurden verschont. An diese Katastrophe erinnert der Brandgedächtnistag, der nach wie vor jedes Jahr am 4. September mit einem Gottesdienst begangen wird.

Heute werden die etwas windschiefen Scheunen in denkmalgeschützer Fachwerkbauweise mit Backsteinausmauerung, liebevoll gepflegt und zum Teil mit neuen Dächern versehen, privat genutzt und dienen weniger der sicheren Vorratshaltung, sondern vor allem als komfortabel eingerichtete Veranstaltungsräume. In dem an der Hauptstraße zwischen Müsleringen und Schlüsselburg gelegenen Scheunenviertel lädt ein Pavillon den Besucher zum Verweilen ein. Info-Tafeln geben Aufschluss über die Geschichte des Viertels.

Ein weiteres Highlight in Schlüsselburg ist die gleichnamige Burg, die die Bischöfe von Minden im 14. Jahrhundert als Bastion gegen die Grafen von Hoya errichten ließen. Im 15. Jahrhundert nahm die militärische Bedeutung der Burg ab. Nach dem Dreißigjährigen Krieg wurde Schlüsselburg Amtssitz und die Burg zum Amtshaus. Das heute noch vorhandene Gebäude war Teil einer alten, wesentlich größeren Burganlage aus dem 16. Jahrhundert mit einer Gräfte und zahlreichen Nebengebäuden. Das Haus ist seit 1971 im Besitz der Familie Swoboda, die das Anwesen gründlich instand setzte. Heute werden auf der Burg kulturelle Veranstaltungen angeboten, die sich großer Beliebtheit erfreuen.

Blick auf die Scheunen im Schlüsselburger Scheunenviertel.

19 Einzigartig in Deutschland
Heringsfängermuseum Heimsen

Gegen Ende des 17. Jahrhunderts war die Bevölkerung im Mittelwesergebiet infolge des Dreißigjährigen Kriegs verarmt. Junge Leute gingen daher nach Holland, um als Landarbeiter ihren Lebensunterhalt zu verdienen. Die wagemutigeren unter ihnen fuhren zur See, um ein saisonabhängiges, hartes Leben als Heringsfänger zu führen.

Das Heringsfängermuseum Heimsen ist einzigartig in Deutschland. Ein Bereich des Museums beleuchtet die Lebenswelt der Landbevölkerung mit all ihren Aspekten der damaligen Zeit, der zweite Bereich beschäftigt sich mit dem harten Arbeitsalltag der Heringsfänger.

Die Bevölkerung in der Region um Minden, Bückeburg, Stadthagen und Stolzenau lebte von der Landwirtschaft, die nach den Verheerungen des Dreißigjährigen Krieges wieder ertragfähig gemacht werden musste. Staatliche Unterstützung gab es nicht, arbeitsfähige Frauen und Männer gingen daher saisonweise nach Holland und brachten ihren Lohn nach Hause – eine frühe Form der Gastarbeiterschaft. Die Männer aus dem Gebiet der Mittelweser, die für ein halbes Jahr zur See fuhren, waren besonders zahlreich und stellten ab 1872 das größte zusammenhängende Kontingent der deutschen Heringsfänger. Die Marine in beiden Weltkriegen rekrutierte sich ebenfalls aus dem Personal der Heringsfänger. Die Ausstellung widmet sich mit einigen Exponaten diesem besonderen Thema. Zudem hält das Museum einige wunderschöne Schiffsmodelle bereit, die den Interessierten und Modellbastler durch ihren Detailreichtum begeistern. Beschreibungen und Bildtafeln zeigen die Arbeitsweise beim Heringsfang, das Ausbringen der Netze mit zwei Trawlern, das Zusammenbringen der Netzenden und das Einholen des Fangs. Ein Bereich des Heringsfängermuseums widmet sich den Seeleuten, die beim Heringsfang und in den Kriegesjahren ihr Leben lassen mussten. Gedenktafeln mit Namen und Zahlen der aus der Region stammenden Seeleute nehmen einen ehrenvollen Platz ein.

Heringsfang, im Museum inszeniert, 2018.

20 Ein gerettetes Juwel
Storchenmuseum im Windheim Nr. 2

Die Geschichte des Hauses Nr. 2 in Windheim reicht zurück bis in das Jahr 1699. Ein Brand zerstörte 43 Hofgebäude, die um die Kirche lagen, auch den Hof Nr. 2. Enge Bebauung, Stroheindeckung und Fachwerkbauweise begünstigten wiederholt Feuersbrünste im Dorfkern von Windheim.

Im Jahr 1701 wurde der Hof Windheim Nr. 2 vor dem Ostertor neu errichtet. Die weitere Ausbreitung des Weserdorfes führte dazu, dass sich der Hof heute im Zentrum von Windheim befindet. Nach Aufgabe des landwirtschaftlichen Betriebs und längerem Leerstand begann 1998 der Abriss des Gebäudes. Die Initiative des Vereins „Denkmal! Windheim No. 2" konnte jedoch Freunde und u.a. die NRW-Stiftung Natur-Heimat-Kultur gewinnen, sodass der Abriss gestoppt

und die Restaurierung des wertvollen Hauses ermöglicht werden konnte. Denn Windheim Nr. 2 ist eines der wenigen erhaltenen Dreiständer-Hallenhäuser und dadurch historisch interessant. Vor 1700 war nämlich das Zweiständer- und nach 1750 das Vierständerhaus die übliche Fachwerkbauweise in den Ortschaften der Weserregion. Im Oktober 2004 konnte das Haus feierlich eingeweiht werden. Heute befindet sich auf der Anlage das äußerst beliebte Hofcafé „Windheim No. 2", ein Geheimtipp für Freunde ländlicher Gemütlichkeit im Mühlenkreis.

Im April 2005 richtete das Aktionskomitee „Rettet die Weißstörche im Kreis Minden-Lübbecke" auf dem 200 Quadratmeter großen Dachboden des Hauses das Westfälische Storchenmuseum ein. Das modern konzipierte Museum informiert über den von alters her beliebten Weißstorch, den bekannten Glücksboten und Kinderbringer. Mittelpunkt der Ausstellung ist ein originalgetreues Storchennest, das früher auf dem Schornstein der alten Molkerei in Döhren seinen Platz hatte. Eine Kletteranlage gestattet den Blick aus der Vogelperspektive in das Nest. Auf einer Drehvorrichtung befindet sich das Skelett eines Weißstorchs, das anschaulich den extremen Leichtbau des Langstreckenfliegers zeigt. Abgerundet wird das Museumsensemble durch einen Storchenspielplatz für Kinder. Die „Storchenroute" führt Radtouristen durch die zahlreichen Storchendörfer der Weserregion.

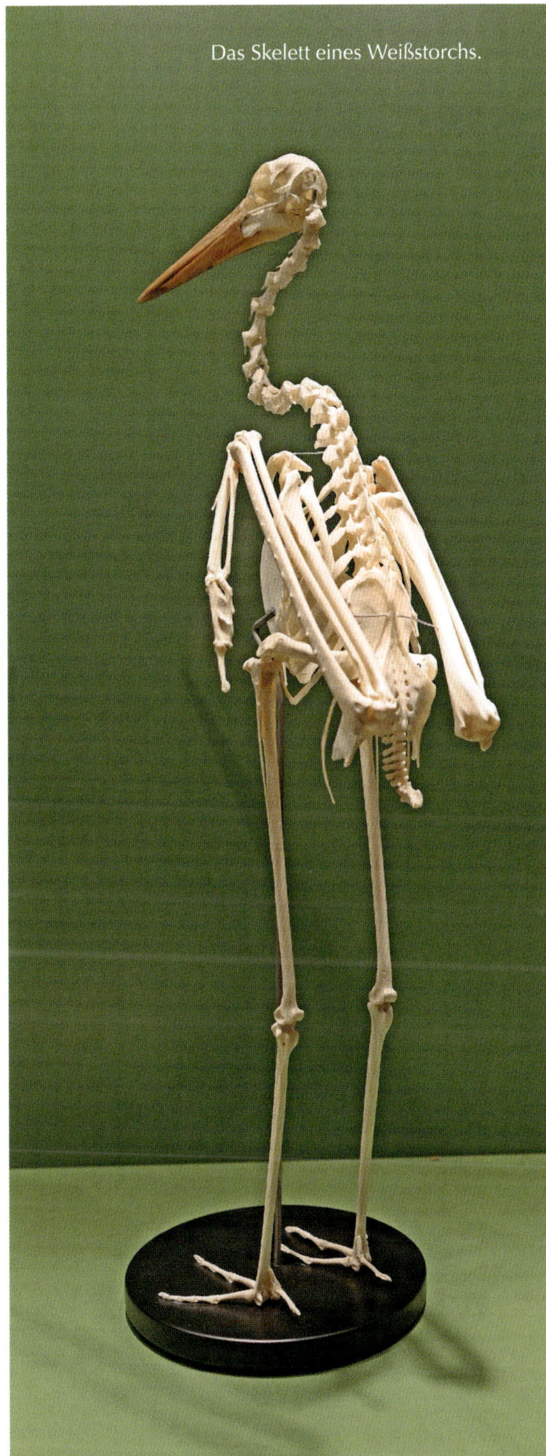
Das Skelett eines Weißstorchs.

‹ Im über 300 Jahre alten Dreiständerhaus befindet sich das beliebte Hofcafé „Windheim No. 2".

21 Einzigartiges Freilichtmuseum
Die Westfälische Mühlenstraße

Die Westfälische Mühlenstraße verbindet 43 betriebsfähige Mühlen verschiedenster Bauart zu einem einzigartigen Freilichtmuseum. Die eindrucksvolle Vielzahl der Wind-, Wasser- und Rossmühlen ist in dieser Vielfalt nur im Mühlenkreis Minden-Lübbecke anzutreffen. Technisches Zentrum ist der Mühlenbauhof in Petershagen-Frille, der ebenso Sitz der Deutschen Gesellschaft für Mühlenkunde und Mühlenerhaltung e. V. ist.

Die Geschichte des Mühlenwesens im Kreis Minden-Lübbecke erstreckt sich über mehr als 1.000 Jahre. So lange ist es her, dass Mühlen urkundlich in den

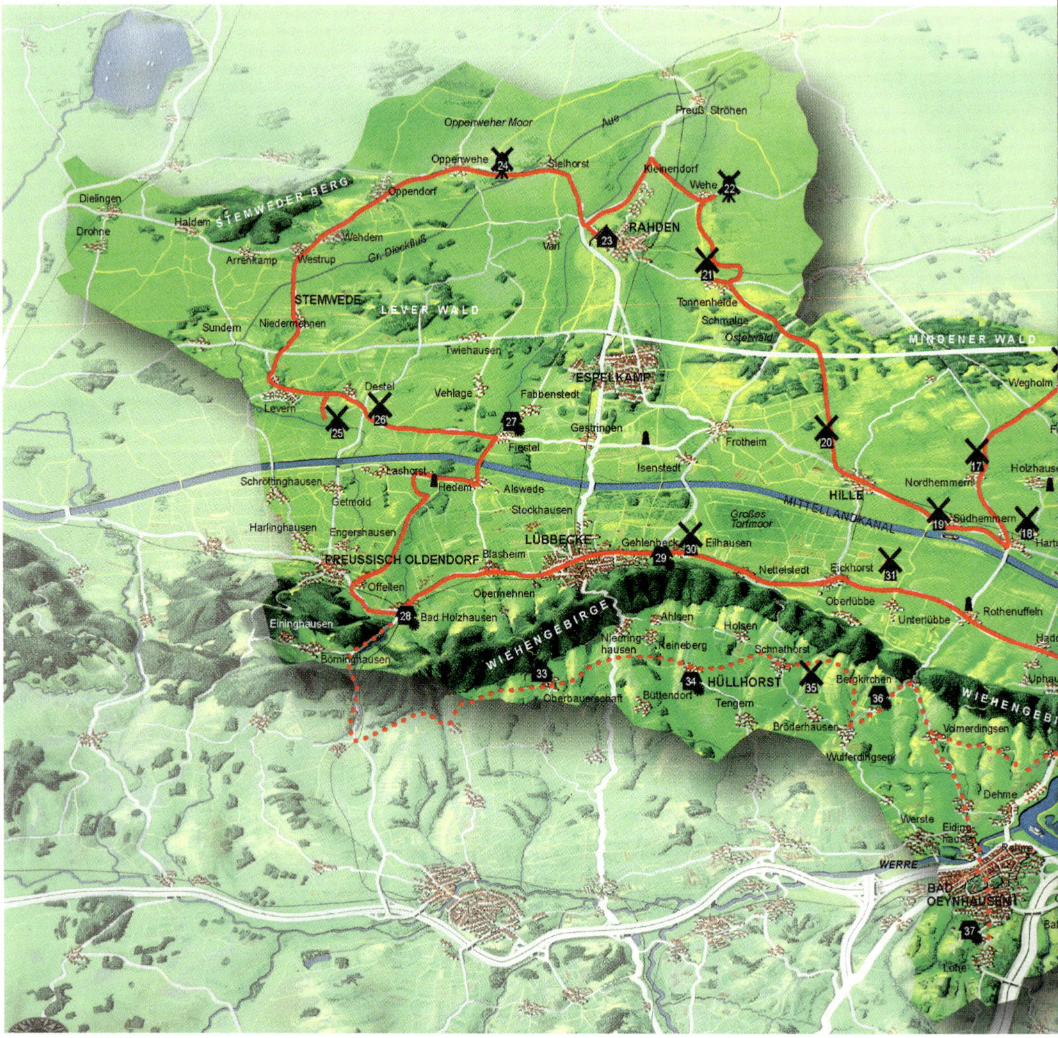

Chroniken des Stiftsorts Levern erwähnt wurden. Die älteste noch erhaltene Mühle ist die Bockwindmühle in Rahden-Wehe, die schon vor 1650 errichtet wurde. Der Mühlenplatz Wehe ist aber noch wesentlich älter, da hier 1370 eine Bischofsmühle in einem Urkundenbuch erwähnt wurde. Die jüngste Mühle ist der originalgetreue Nachbau einer Schiffmühle, die als einzige mit Wasserkraft angetriebene, mahlfähige Mühle Deutschlands vor Minden in der Weser liegt. Die Mühlen sind wesentlicher Bestandteil der Kulturgeschichte der Region, die immer landwirtschaftlich geprägt war. Die Mühlen dokumentieren den Einzug der Technik auf dem Land. Dieses deutschlandweit einmalige Freilichtmuseum erstreckt sich über das gesamte Kreisgebiet. Die Westfälische Mühlenstraße verbindet die Mühlenortschaften miteinander. Möglich wurde dies durch die Initiative des ehemaligen Kreisheimatpflegers Wilhelm Brepohl, dem es vor über 40 Jahren zusammen mit dem Oberkreisdirektor Dr. Rolf Momburg gelang, politische Vertreter, Verwaltungen, Denkmalämter, Heimatpfleger, Vereine und Mühlenbesitzer für das große Projekt der Mühlenrettung zu gewinnen. Seit 1978 unterhält der Mühlenverein im Kreis Minden-Lübbecke e. V. die Mühlen. Viele der rund 1.000 Mitglieder sind ehrenamtlich in Mühlengruppen engagiert und ermöglichen die beliebten Mahl- und Backtage, die jedes Jahr Tausende Besucher anlocken. Vereinsmitglieder führen im Sommerhalbjahr regelmäßig Mühlen im Betrieb vor und erläutern die Technik der Mühlen sowie die Tätigkeit des Müllers. Unterstützt werden die Gruppen von dem vom Mühlenverein und dem Kreis Minden-Lübbecke unterhaltenen Mühlenbauhof in Petershagen-Frille, dessen Mitarbeiter die Mühlen technisch und denkmalgerecht instand halten. Der Mühlenverein konnte 2018 nach 40 Jahren erfolgreicher Arbeit sein Jubiläum feiern.

Die Westfälische Mühlenstraße ist Teil eines europaweiten Mühlenstraßensystems, das bisher aus Mühlenstraßen in Dänemark und den Niederlanden besteht. Die Europa-Mühlenroute, die 2019 in Petershagen gegründet wurde, trägt den klangvollen Namen „VIA MOLINA – European Routes of Mills“. Das Antragsverfahren als „Via Molina“ läuft beim Europarat. Sitz der neuen „Via Molina“ ist Minden.

Offizielle Landkarte des Mühlenkreises Minden-Lübbecke mit Mühlenroute und allen 43 Mühlenstandorten.

22 Schwein gehabt
Der Colon-Sültemeyer-Brunnen

Zu den historischen Highlights der Region gehört ohne Zweifel die Entdeckung von Salzvorkommen. Die Schweine des Colon Sültemeyer fielen durch eine Salzkruste auf ihren borstigen Rücken auf, nachdem sie sich in einem Schlammpfuhl gesuhlt hatten. Sültemeyer ging der Sache nach und entdeckte eine Solequelle. Das war im Jahr 1745 und der Anfang einer wunderbaren Erfolgsgeschichte, die bis heute fortdauert.

Zur Erinnerung an diesen findigen Bauern schuf der Künstler Ernemann Sander im Jahr 1981 an der Kreuzung Paul-Baehr-Straße und Klosterstraße in Bad Oeynhausen den „Colon-Sültemeyer-Brunnen". In einer Rotte von fünf Schweinen steht Colon Sültemeyer und streicht nachdenklich mit der linken Hand über den Rücken eines Schweines. Im Volksmund erhielt das Bronzekunstwerk schnell den liebevollen Namen „Schweinebrunnen". Die blankgeputzten Stellen auf einigen Schweinerücken zeugen von zahlreichen Streicheleinheiten. Im Zentrum der sechseckigen Anlage sprudelt ein Brunnen, der an warmen Sommertagen für Einheimische und Kurgäste mit seiner Kühle für Erfrischung und manche lustige Gaudi sorgt. Die Sitzgelegenheiten rund um den Brunnen werden von Passanten gerne für eine kurze Verschnaufpause genutzt. Fußgänger verweilen einen Augenblick lang, um das entspannte Spiel der Kinder schmunzelnd zu betrachten.

23 Volle Pumpenkraft
Der Jordansprudel

Der heute vorhandene Jordansprudel ist seit der Landesgartenschau 2000 eine Kopie des eigentlichen Jordansprudels. Sein Wasser stammt aus der Werre und wird mit Pumpenkraft zu einer rund 20 Meter hohen Fontäne aufgerichtet. Das Schauspiel kann man von Ostern bis Oktober zwischen 9 und 20 Uhr stündlich für 5 Minuten beobachten.

Der ursprüngliche Jordansprudel ist dem Oberbergrat und Badedirektor Albert Jordan (1865–1934) zu verdanken, der von November 1924 bis Juli 1926 einen Brunnen bohren ließ. Aus einer Tiefe von 725 Metern trat die Sole mit einer Ergiebigkeit von 420 Kubikmetern pro Stunde (7.000 l/min.) an die Oberfläche. Die Wassersäule stieg bei natürlichem Auslauf bis zu 52 Meter in die Höhe. Damit war der Jordansprudel die ergiebigste Thermalsolequelle der Welt und wurde zum Wahrzeichen von Bad Oeynhausen.

Die geförderte Thermalsole ist eisen- und kohlensäurehaltig mit einem Salzgehalt von 2,5 % und einer Temperatur von 36 °C ein Heilwasser von hoher Qualität. Das Quellwasser des Jordansprudels ist seit dem Jahr 2000 Teil eines Kreislaufsystems, das mit einem Reservoir von 60 Kubikmetern u. a. die Bali-Therme mit Wasser versorgt. Dort finden Besucherinnen und Besucher im Flair der exotischen Welt Indonesiens alle Arten des Badekomforts. Sole-, Thermal- und Sprudelbäder erfreuen den Badegast, der es sich auch in Whirlpool, Sauna oder den Ruheräumen gutgehen lassen kann. Ein Restaurant wartet mit Erfrischungen auf die Badegäste.

In einem neuen Tourismuskonzept gibt es Überlegungen, den Jordansprudel wieder in seiner alten authentischen Form mit Solewasser zu betreiben, was dazu führen würde, dass die Fontäne mehr als doppelt so hoch wäre. Diese Überlegungen stoßen jedoch auf erhebliche Bedenken. Die durch wechselnde Windrichtungen verteilte Solegischt würde sich in der nächsten Umgebung auf Gebäuden, der nahen Bahnstrecke und Parkplätzen niederschlagen. Eine mögliche Lösung bestände darin, den Jordansprudel bei besonderen Anlässen und Windstille mit Quellwasser und im Alltagsbetrieb mit profanem Werrewasser zu betreiben.

Bis 20 Meter in die Höhe: der Jordansprudel, 2009. ›

24 Natur und Architektur
Das Badehaus I in Bad Oeynhausen

Der Kurpark von Bad Oeynhausen ist über 150 Jahre alt und hat bis heute nichts von seiner Faszination verloren. Er ist etwa 26 Hektar groß und genau in Nord-Süd-Richtung angelegt. Interessant ist die Mischung aus Natur und einer Bäderarchitektur, die deutschlandweit einmalig ist.

Das spätklassizistische Badehaus I ist das älteste und wohl schönste Haus unter den Bad Oeynhausener Bade-Tempeln. Es liegt am Augustaplatz, etwas zurückgesetzt an der Herforder Straße, flankiert von Rhododendronbüschen und umgeben von einer weiten Grünfläche. Mit seiner harmonischen, glatten und schnörkellosen Form bildet es einen Kontrast zum dreibogigen, von vier Säulen getragenen klassizistischen Portikus.

Als dem Heilbad Mitte des 19. Jahrhunderts noch ein Badehaus fehlte, beauftragte König Friedrich Wilhelm IV. die Schinkel-Schüler K.F. Busse und R.F. Clemens mit dem Bau eines Badehauses. Busse kam nach Bad Oeynhausen, um einen passenden Platz zu suchen. Das H-förmige Gebäude wurde so platziert, dass die vom Oeynhausen-Sprudel kommende Sole direkt in das Wannenbadehaus fließen konnte. Begonnen wurde der Bau 1854 mit massiver, protektionistischer Unterstützung durch das preußische Königshaus. Friedrich Wilhelm IV. soll aus seiner privaten Schatulle 30.000 Taler beigesteuert haben. Als das neue Badehaus am 17. Mai 1857 feierlich eingeweiht wurde, war König Friedrich Wilhelm IV. selbst anwesend.

Das Badehaus I ist heute noch in Betrieb. Über der Eingangshalle wölbt sich die imposante Kuppel. Die Warteräume, links für Damen in grünem und rechts für Herren in rotem Farbton gehalten, beeindrucken mit ihrer klassischen Schönheit. Das Ensemble mit dem 1885 gebauten Badehaus II, dem Kaiserpalais von 1908, dem 1915 errichteten Theater und der 1926 dazugekommenen Wandelhalle begeistern immer wieder Freunde klassischer Bäderarchitektur.

Im Vordergrund ist die Porträtbüste von Carl von Oeynhausen (1795–1865) zu sehen, errichtet am 30. Juni 1895 zum 50. Jahrestag des Badebetriebs, 2013.

25 Weißes Gold
Gradierwerk und Freiluftinhalatorium

Durch die Entdeckung von Salz in Oeynhausen durch Colon Sültemeyer im Jahr 1745 wurde ein neuer Wirtschaftszweig geschaffen. Kein geringerer als Friedrich der Große, der den wirtschaftlichen Erfolg im Auge hatte, förderte hier die Anlage eines neuen Salzwerks.

Mitte des 18. Jahrhunderts spielte das Produkt Salz eine wichtige Rolle als Wirtschaftsfaktor. Das „weiße Gold“ war als Rohstoff in der Lebensmittelindustrie begehrt, zum Pökeln, Haltbarmachen von Kohl, Bohnen und vielem mehr. Salz war Quelle des Reichtums und Schmuggelgut. Um 1850 blühte der Schwarzhandel mit Salz an der Grenze zwischen Hannover und der preußischen Provinz Westfalen. Salz war Namensgeber für klangvolle Ortsnamen wie Salzburg, Salzwedel, Salzbrunn, Salzdetfurth oder Langensalza. Salz wurde als Steinsalz z.B. in Sachsen-Anhalt unter Tage abgebaut und als Verdunstungsprodukt aus Soleteichen und Salzpfannen gewonnen. Der preußische Staat förderte intensiv die Einrichtung eines Salzwerks, das aus der Oeynhausenschen Sole Salz für die westlichen Provinzen des Königsreichs liefern sollte. Bis 1760 entstanden Gradierwerke und Siedeanlagen im heutigen Sielpark an der Mindener Straße. Die Saline erfuhr einen enormen Aufschwung, wenige Jahre nach Gründung fanden hier etwa 250 Arbeiter Beschäftigung. Um die Jahrhundertwende betrug die jährliche Fördermenge 50.000 Zentner und der erwirtschaftete Reingewinn rund 45.000 Taler.

Die Saline „Neusalzwerk“ wurde 1928 eingestellt. Bis zum Zweiten Weltkrieg befanden sich im Sielpark noch drei Gradierwerke. Sie dienten ab 1845 als Inhalatorium und waren ein wichtiges Kurmittel für Kurgäste mit Atemwegsbeschwerden.

Das 1990 errichtete Gradierwerk im Jahr 2013. Es ist 70 Meter lang und hat eine Höhe von elf Metern. Etwa an derselben Stelle standen bis 1932/33 und 1939/40 drei Gradierwerke. Das aktuelle Freiluftinhalatorium ist eine Reminiszenz an das alte Salzwerk und als klassisches Kurmittel ein Highlight in Bad Oeynhausen.

26 Die Kraft des Wassers
Der Landschaftspark „Aqua Magica“

Im Rahmen der NRW-Landesgartenschau 2000 wurde auf dem ehemaligen Fabrikgelände der Ziegelei Friedrichsmeyer an der Gemeindegrenze Bad Oeynhausen/Löhne der Landschaftspark „Aqua Magica“ mit dem beeindruckenden Wasserkrater geschaffen.

Die französischen Landschaftsarchitekten Henri Bava und Olivier Philippe vom Planungsbüro Agence Ter in Paris entwarfen die 20 Hektar große Parklandschaft mit dem Wasserkrater als „Park des 21. Jahrhunderts". Besuchern bietet sich hier ein imposantes Schauspiel. Vom Parkplatz kommend, nähert man sich über die „Allee des Weltklimas" mit den zur Eröffnung neu gepflanzten 240 Platanen einem stählernen Rondell mit einem Durchmesser von etwa 30 Metern, aus dem mit gewaltigem Getöse eine hohe Wasserfontäne aufsteigt. Die beiden Tore in dem Mauerring, der den Krater umgibt, geben den Blick in die Tiefe frei. Eine Wendeltreppe führt 18 Meter an den Wänden des Kraters hinab. Am Grund angekommen, gelangt man zu einem kreisrunden Wasserspiegel mit Düsen, aus denen in regelmäßigen Abständen mit Getöse eine von Klang- und Lichtinstallationen begleitete Wasserfontäne 30 Meter in die Höhe schießt. Auf Parkniveau hat die Fontäne dann noch eine Höhe von zwölf Metern.

Eine weitere, besonders bei jungen Leuten beliebte Attraktion ist der Hochseilklettergarten. Einzelpersonen oder Gruppen können hier unter Anleitung ihren Kletterfreuden in einer Höhe von zwölf Metern nachgehen. In der Saison von Frühjahr bis Herbst finden Familien mit Kindern auf dem Gelände einen komfortablen Freiraum und können bei Sport und Spiel ihre Freizeit genießen.

Blick in den Wasserkrater.

27 Sagenhaft und urwestfälisch
Wittekindsquelle und Kaiser-Apotheke

Bergkirchen, ein Ortsteil von Wulferdingsen, liegt 160 Meter über NN an einem uralten, geschichtsträchtigen Pass, der über das Wiehengebirge führt. Die Wittekindsquelle und die aus dem 12./13. Jahrhundert stammende, vorreformatorische Kirche des Heiligen Nikolaus spielten der Sage nach in der Zeit der Christianisierung eine wichtige Rolle. An diesem urwestfälischen Ort haben der Sachsenherzog Wittekind und Kaiser Wilhelm II. ihre bis heute sichtbaren Spuren hinterlassen.

Die Wittekindsquelle auf dem Kirchengelände geht zurück auf den Sachsenherzog Wittekind, der sich nach langem Ringen um seinen Glauben an dieser Stelle zum Christentum bekehrt haben soll. Im Wiehengebirge gibt es weitere Quellen, die ebenfalls auf diese Legende zurückgeführt werden, u. a. in Lübbecke am Reineberg und am Südhang des Häverstädter Berges in Porta Westfalica.

Die evangelische Kirche St. Nikolaus gehört zur evangelisch-lutherischen Gemeinde von Bad Oeynhausen. Dem Geschichtsschreiber Heinrich von Herford zufolge soll Papst Leo III. die Kirche 799 geweiht haben. Werner Rolevinck erwähnt 1474 eine von Leo geschenkte kleine Glocke und dass sich in der Kirche eine Quelle befunden haben soll.

Das heutige Gotteshaus enthält Gebäudeteile im romanischen Stil, die aus dem 12. Jahrhundert stammen. Anstelle der romanischen Apsis wurde im 14. Jahrhundert ein Chor im gotischen Stil angebaut. Im 18. Jahrhundert fand eine wesentliche Erweiterung statt, die auf den Längsseiten eine Verstärkung durch massive Streben erforderlich machte. Im Innern wurde eine Flachdecke eingezogen. Der Kirchturm im romanischen Stil musste im 19. Jahrhundert einem Neubau weichen.

Die an der ehemaligen Kaiser-Apotheke von Dr. Sieck, Vollmerdingser Straße 300, angebrachte Büste Wilhelms II. und die Inschrift darunter erinnern an seinen „Überfall" um 4 Uhr am Morgen des 10. September 1898. Im Jahr 1898 fand um Bad Oeynhausen ein Militär-Manöver statt, das Wilhlem II. vom Balkon der Apotheke aus beobachten wollte. Dafür ließ er den Apotheker kurzerhand in aller Frühe wecken. Seit dieser Begebenheit heißt die Apotheke Kaiser-Apotheke.

„Der Sage nach schlug Wittekinds Ross diesen Born, als er um den Glauben rang" ›
Gebirgsverein Bergkirchen 1963 (Tafeltext, Foto 2013).

Der Sage nach schlug
Wittekinds Ross diesen
Born, als er um den
Christenglauben rang
Gebirgsverein
Bergkirchen

28 Mauerreste aus dem 10. Jahrhundert
Die Kreuzkirche in Barkhausen

Die 1996 nahe der Porta Westfalica entdeckten Mauern sind die Überreste einer Grabkirche, die vermutlich für eine adlige Familie um 1000 errichtet wurde. Dass es sich um eine Grabstätte der Familie von Bischof Milo handelt, ist nicht nachweisbar.

Pavillon mit Fundamentresten der Kreuzkirche, 2014.

Der Grabkirchenbau ist in Form eines griechischen Kreuzes mit fünf gleich großen (4m x 4m) Innenräumen angelegt, in denen eine Mutter mit ihren vier Kindern bestattet wurde. Die mit Lehmmörtel gebundenen erhaltenen Mauerreste stammen aus dem 10. Jahrhundert. Aus dem gleichen Zeitraum sind ähnliche Bauwerke in Prag, Krakau, Schuttern (Baden-Württemberg) und Trier bekannt. Es sind jedoch nur in Trier und Barkhausen noch Fundamente erhalten. Damit sind die Funde in Barkhausen über die Grenzen Ostwestfalens hinaus von kunstgeschichtlicher Bedeutung.

Mit der Annahme, dass es sich hier um hochgestellte Persönlichkeiten der damaligen Zeit handelt, liegt man sicher richtig. Die Gräber gehören jedenfalls zu den ältesten adligen Familiengräbern Deutschlands. Über den Fundamentresten ist ein rundum begehbarer, geschlossener Glaspavillon errichtet worden, der den interessierten Besucherinnen und Besuchern einen guten Blick auf die Ausgrabungsstätte gestattet.

29 Einst bedeutender Wirtschaftsfaktor
Holzflößerei auf der Weser

Die Zeit der Holzflößerei auf der Weser ging nach dem Zweiten Weltkrieg zu Ende. Der Transport von Langholz verlagerte sich auf Straße und Schiene und war dadurch schneller und wirtschaftlicher. Aus der einst gefahrvollen und abenteuerlichen Arbeit der Flößer ist in unserer Zeit ein beliebtes Freizeitvergnügen geworden.

Floß auf der Weser in Dehme, um 1950. Im Hintergrund der Kirchturm von Rehme (Bild: NW 09.03.1990, Heimatstube Dehme, Bad Oeynhausen).

Die Weserflößerei stellte in der Vergangenheit einen beachtlichen Wirtschaftsfaktor dar. Die enorme Nachfrage in Norddeutschland nach Bauholz und Holz für den Schiffbau führte zu einem regen Holzhandel mit dem waldreichen Hinterland am Oberlauf von Weser und Werra. Die Weser bot sich als idealer Transportweg an. Flößer zu sein war ein abenteuerlicher und nicht ungefährlicher Beruf. Die Flößerei war stark saisonabhängig. Hochwasser, Eisgang und wechselnde Pegelstände schränkten den Verkehr stark ein. Der Transport per Bahn und Lkw war der wirtschaftlichere und schnellere Weg.

Als touristische Attraktion erinnern Floßfahrten heute an die einstige Bedeutung der Flößerei auf der Weser.

30 Legendärer Korn aus Hille
Industriedenkmal Alte Brennerei

Im Mittelpunkt der Gemeinde Hille liegt das Gebäude der 1721 gegründeten Kornbrennerei der Familie Christian Meyer. Die bis in die 1990er-Jahre bestehende Firma etablierte sich mit Markenprodukten wie dem legendären „Meyers Korn" und „Hiller Moorbrand" auf dem Markt. Heute ist das alte Betriebsgebäude mit Schornstein und Kesselhaus sowie der erhaltenen Ausstattung als Industriedenkmal eine Augenweide.

Es ist schon ein besonderer Ort: Christian Meyers Kornbrennerei in Hille. Im Jahr 1721 war die Brennerei der erste Gewerbebetrieb in der ostwestfälischen Gemeinde. Zur Zeit des Soldatenkönigs Friedrich Wilhelm I. war sparsame Landwirtschaft angesagt und nur der Überschuss an Getreide durfte zu „flüssigem Korn" veredelt, d. h. gebrannt werden. Die Kornbrennerei Christian Meyer in Hille/Westf. entwickelte sich zu einem bekannten Markennamen. Mitte der 1990er-Jahre erfolgte aber nach über 100-jährigem Brennereibetrieb die Stilllegung. Dem Gebäude drohte der Verfall und es sollte abgerissen werden. Bevor die Abrissbirne aktiv wurde, machten sich engagierte Mitglieder des Heimat- und Gartenbauvereins für eine Erhaltung der Brennerei als Industriemuseum stark. Die Renovierung des Gebäudes sowie der gesamten Ausstattung dauerte über zwei Jahre.

In den oberen Etagen des alten Brennereigebäudes haben Mitglieder des Heimat- und Gartenbauvereins ein Museum mit alten Haushaltsgegenständen zusammengetragen. Die Einrichtung einer Küche aus Omas Zeiten mit altem Ofen, Waffeleisen und Kaffeerösterei, Backofen und Wärmflasche erinnern an die „gute alte Zeit". Interessant ist der Arbeitsplatz eines Schusters mit einer „Schusterkugel" und Kerze als Beleuchtungsquelle. Eine einfache Vorrichtung hält die Lichtquelle, abhängig vom Kerzenverbrauch, stets im Mittelpunkt der Schusterkugel, um den Arbeitsplatz in den späten Abendstunden besser auszuleuchten.

Heute kann man die alte Brennerei als „Lebensmittelpunkt von Hille" bezeichnen. Hier im Zentrum der lebendigen Gemeinde sind das Brennereimuseum als Industriedenkmal, das Heimatmuseum als Begegnungsstätte des Heimat- und Gartenbauvereins sowie das Einkaufszentrum WEZ „Alte Brennerei" zu Hause. Um das ganze Ensemble komplett zu machen, befindet sich auf dem alten Schornstein eine Brutstätte der jährlich wiederkehrenden Weißstörche. Eine fest installierte Kamera überträgt den Brutfortschritt des Nestinhalts auf einen Bildschirm am Brennereimuseum und am Einkaufszentrum.

Einkolbendampfmaschine mit Fliehkraftregler, Nr. 662, Fa. F. Brülloph & Co., Magdeburg-Neustadt, Leistung: 25 PS, Baujahr 1895.

31 Schauplatz der Geschichte
Die Schlacht bei Minden

Die Schlacht bei Minden im Siebenjährigen Krieg (1756–1763) fand südlich von Kutenhausen und Todtenhausen statt. Es war die bis dahin verlustreichste Schlacht die jemals im Minder Land getobt hatte. Ihr Ausgang hatte großen Einfluss auf den Lauf der Geschichte, nicht nur in Europa, sondern auch in Nordamerika.

Am 1. August 1759 waren alliierte Truppen, 35.000 Soldaten, Kavallerie und 107 Kanonen aus Preußen, Großbritannien, Hannover, Braunschweig, Hessen-Kassel und Schaumburg-Lippe unter dem Befehl von Herzog Ferdinand von Braunschweig-Wolfenbüttel aufmarschiert. Ihnen gegenüber standen Truppen aus Frankreich und Sachsen-Gotha in einer Stärke von 45.000 Mann, Kavallerie und 86 Kanonen unter Maréchal de France Marquis de Contades. Die Kämpfe waren auf beiden Seiten verlustreich. Am Ende der Kämpfe wurden über 600 Gefallene auf preußischer Seite und über 4.000 Tote sowie fast ebenso viele Gefangene auf französischer Seite gezählt. Der Sieg über Frankreich festigte den englischen Einfluss in der Welt ganz erheblich, besonders in Nordamerika, wo englische und französische Interessen aufeinanderprallten.

Aus diesem Grund wird am 1. August noch immer der „Minden Day" gefeiert. Es ist Brauch, sich zur Erinnerung an den Sieg Rosen, die „Minden Roses", in den Gewehrlauf zu stecken. Straßen in britischen Überseegebieten wurden nach Minden benannt, z.B. in Hongkong, Malaysia, Singapur und Indien. In Bombay wurde ein Schiff der Royal Navy auf den Namen „HMS Minden" getauft. Dieses Schiff sollte im amerikanischen Unabhängigkeitskrieg 1812 eine geschichtsträchtige Rolle spielen. Ausgestattet war es mit Arrestzellen, in denen amerikanische Patrioten, heute würde man Separatisten sagen, inhaftiert waren. In amerikanischen Geschichtsbüchern ist zu lesen, dass dort u. a. der Verfasser der amerikanischen Nationalhymne, Francis Scott Key, inhaftiert war. Key schrieb den Text zu „The defense of Fort McHenry" (heute: „The Star-Spangled Banner") während des englischen Angriffs auf Baltimore 1814. Später wurde die „HMS Minden" als Lazarettschiff nach Hongkong verlegt, wo sie zivile Versorgungsdienste übernahm. Ihr zu Ehren benannte man in Hongkong zwei Straßen: die „Minden Row" und die „Minden Avenue". So hat der Name Minden durch eine blutige Schlacht im Siebenjährigen Krieg Eingang in die Weltgeschichte gefunden.

Anlässlich des 260. Jahrestages fand am 1. August 2019 am Denkmal der Schlacht eine Feierstunde statt. Gruppen der britischen Armee, der Bundeswehr und der Mindener Bürgerschützen nahmen Teil. Vertreter von Kreis und Gemeinde legten Kränze nieder. Die Veranstaltung endete mit feierlichen Gelöbnissen zur Einheit und friedlichen Zukunft in Europa und der Welt.

Eine Abordnung britischer Veteranen am 1. August 2019 vor dem Denkmal zur Erinnerung an die Schlacht bei Minden vor 260 Jahren.

32 Prachtvolles Herrenhaus
Schloss Benkhausen in Espelkamp

Benkhausen ist ein ehemaliges Rittergut der Familien von Münch und von dem Bussche. Heinrich von Münch ließ das Herrenhaus von 1657 bis 1683 erbauen. Philip von Münch vererbte das Gut 1773 an die Familie von Georg Karl Franz Freiherr von dem Bussche.

Georg Karl Franz Freiherr von dem Bussche gen. von Münch führte von hier aus die Geschäfte als Landrat des Kreises Rahden. Im Jahr 1899 baute Karl Freiherr von dem Bussche-Münch das Haus in die bis heute erhaltene Form um. Nach dem Zweiten Weltkrieg wurde das geschichtsträchtige Haus von der britischen Besatzungsmacht beschlagnahmt und Hauptquartier der britischen Rhein-

Das 1899 erbaute Herrenhaus wurde nach dem Besitzerwechsel aufwendig restauriert. Es bildet den Mittelpunkt der weitläufigen Schlossanlage.

armee. Im Jahr 1962 verkaufte Alhard von dem Bussche-Münch den Besitz an die Diakonische Stiftung Wittekindshof, die die Gebäude bis 2009 als Wohn- und Arbeitsstätte für Behinderte nutzte. Die Unternehmerfamilie Gauselmann erwarb das Anwesen 2010 und führt das alte Benkhausen mit einer neuen Perspektive in die Zukunft. Die Schlossgebäude wurden aufwendig und mit Sorgfalt restauriert und modernisiert. Heute finden in den Räumen vor allem Tagungen und Weiterbildungen der Gauselmann Firmengruppe statt. Das Herrenhaus, das teilweise von einer Gräfte umgeben ist, ist durch einen modernen Glaszwischenbau mit dem Gästehaus und weiteren Nebengebäuden verbunden. Repräsentative Veranstaltungsräume und geschmackvoll eingerichtete Gästezimmer stehen zur Verfügung. Nördlich davon befindet sich der Park mit weiten Sichtflächen und einem stattlichen Bestand an alten Bäumen. Im Zentrum liegt ein stilvoller Pavillon. Das Schlossgelände wurde südlich bis zum Mittellandkanal, wo der neue Schiffsanleger Schloss Benkhausen errichtet wurde, nahe der Erbbegräbnisstätte der Familie von dem Bussche erweitert. Von hier führt eine Hängebrücke über die Flöthe, die Teil einer imposanten Sichtachse ist, die vom Schiffsanleger bis zum Portal des Herrenhauses reicht. Gäste können sich im komfortablen Schloss-Café bei Kaffee und Kuchen entspannen. Jährlicher Höhepunkt ist der Weihnachtsmarkt mit zahlreichen jahreszeitlichen Angeboten.

‹ Im Zentrum des Parks liegt dieser stilvolle Pavillon. Er ist umgeben von Blumenrabatten und Rasenflächen.

33 Musikboxen und Flipper
Deutsches Automatenmuseum

Eine Auswahl von rund 1.800 Münzautomaten aus der privaten Sammlung der Unternehmerfamilie Gauselmann wird auf Schloss Benkhausen als Deutsches Automatenmuseum der Öffentlichkeit zugänglich gemacht. Musikboxen und Glückspielautomaten aus aller Welt zeigen Besucherinnen und Besuchern den Erfindungsreichtum der Automatenindustrie.

Die einzigartige Sammlung reicht von Automaten aller Anwendungsbereiche wie Waren- und Dienstleistungsautomaten bis hin zu Glückspielgeräten und Musikboxen. Periodisch wechselnde Ausstellungen zu Themen wie „Gut auf-

Highlight des Automatenmuseums ist die Roboter-Band der Gebrüder Decap, Antwerpen, aus dem Jahr 1957.

gelegt“ zeigen die Entstehungsgeschichte von Geräten zur mechanischen Musikwiedergabe. Die Geschichte der Musikdatenträger vor Musikstreaming, CD- und MP3-Playern wird mit Exponaten und anhand von Tonaufnahmen ausführlich erläutert. Höhepunkt der münzgesteuerten Musikmaschinen ist die Roboter-Band der Gebrüder Decap aus Antwerpen aus dem Jahr 1957, die mit Saxophon, Akkordeon und Schlagzeug eine überraschende Klangkulisse erzeugt.

Eine neue Präsentation mit dem Titel „Die wilden 70er-Jahre“ präsentiert Unterhaltungsautomaten wie Flipper und Fußball-Spielgräte. Auch Geschicklichkeits-, Glückspielautomaten und Geldspielgeräte sowie Waren- und Dienstleistungsautomaten finden sich in der Sammlung des Museums. Das einzigartige Deutsche Automatenmuseum auf Schloss Benkhausen präsentiert eine bunte Mischung an Münzautomaten aller Art aus längst vergangenen Zeiten.

Rhenania-Automat für diverse Süßigkeiten der Gebrüder Stollwerk AG, Köln, ca. 1888.

34 Jung und farbenfroh
Espelkamp

Espelkamp ging 1910 aus der Bauernschaft Großendorf hervor, die zum Amt Rahden gehörte. Nach dem Zweiten Weltkrieg wurden zahlreiche Vertriebene aus dem Osten aufgenommen, Espelkamp entwickelte sich so zu einer Flüchtlingsstadt und erhielt 1959 das Stadtrecht.

Über Jahrhunderte gehörte die Bauernschaft zu Großendorf und damit zum Bereich der Mindener Bischöfe. Nach 1648 ging das Fürstentum Minden an Brandenburg-Preußen. Der Ort wurde dem Amt Rahden zugerechnet. 1701 entstand hier eine Nebenschule „auf dem Espelkamp“. Espelkamp wurde 1910 eine politisch selbstständige Gemeinde im Amt Rahden. Zu Beginn des Zweiten Weltkriegs beschloss die deutsche Heeresleitung, in der Gemarkung Mittwald die durch den dichten Baumbestand ideal zu tarnende Munitionsfabrik „Muna“ einzurichten. Auf 250 Hektar entstanden 133 einstöckige, massive Gebäude, in denen Munition montiert und gelagert wurde. Ein Ort mit Infrastruktur und Bahnanschluss an die Strecke Herford–Bremen entstand. Dass die „Muna“ die Kriegszeit und die durch die Heeresleitung befohlene, aber nicht ausgeführte Sprengung überdauerte, darf man wohl als Glücksfall bezeichnen. Den alliierten Truppen fiel sie im April 1945 weitgehend unzerstört in die Hände. Nach dem Potsdamer Abkommen sollte die „Muna“ gesprengt werden. Sprengungen fanden bis 1947 statt, zeigten aber angesichts der Vertriebenen aus dem Osten den ganzen Widersinn der Aktion. Der britische Kommandant Colonel Steege gab Pfarrer Diehl vom Evangelischen Hilfswerk bereits 1946 den Tipp, die Gebäude für Aufgaben des Hilfswerks zu nutzen. General Alex Bishop gab 1948 schließlich den Befehl zur endgültigen Einstellung der Sprengungen. Die nun folgende Umnutzung durch das Evangelische Hilfswerk Westfalen unter Leitung von Pastor Karl Pawlowski und dem schwedischen Pfarrer Birger Forell ist in die Stadtgeschichte eingegangen. 1948 wurde der Ludwig-Steil-Hof gegründet. Er bündelte die Einrichtungen des Evangelischen Hilfswerks auf dem „Muna“-Gelände. 1949 gründeten das Land NRW und die evangelische Kirche die Aufbaugemeinschaft Espelkamp GmbH. Espelkamp-Mittwald entwickelte sich zu einer Stadt der Vertriebenen. 1959 erhielt Espelkamp das Stadtrecht. Starke Industrieansiedlung und Zuwanderung führten zu einer florierenden, säkularen Multikulti-Gemeinde. Die Aufbaugemeinschaft verlieh durch ihr Konzept einer farbenfrohen Stadt zahlreichen Gebäuden neuen Glanz.

Das farbenprächtige „Schmetterlingshaus“
steht an der Gabelhorst.

35 Zeuge des Mittelalters
Burgmannshof in Lübbecke

Die Burgmannshöfe in Lübbecke waren die Stadthöfe der auf der Landesburg Reineberg tätigen Burgherren, die in Diensten der Mindener Bischöfe standen. In der Stadt Lübbecke befanden sich in wechselnden Zeiten zwölf (andere Quellen schreiben von 16) Burgmannshöfe. Das am Markt gelegene Herrenhaus ist im Privatbesitz der Familie von der Recke, die ihren Hauptsitz auf Gut Obernfelde hat.

Der Burgmannshof am Markt gehörte zu den Kernhöfen der Stadt Lübbecke und reicht in seinen Anfängen wohl bis ins frühe Mittelalter zurück. Er war Sitz des ritterbürtigen Geschlechts derer von Sloen. Wappensteine der von Sloens, die das Andreaskreuz mit Ringen in den Winkeln zeigen, sind an der östlichen Außenmauer und am Herrenhaus zu finden. Später ging das Hofgut zunächst im Erbgang an die Familie von Venningen und 1762 an Wilhelm Christian von der Recke auf Stockhausen. Das Herrenhaus ist bis heute im Besitz der Familie von der Recke, die Hofanlage samt Garten und Speicher gehört der Stadt Lübbecke. Das Herrenhaus diente im Laufe der Geschichte verschiedenen Zwecken, so wurde es in der Mitte des 19. Jahrhunderts u. a. als Landratsamt genutzt. Das Haus konnte jüngst denkmalgerecht umgebaut und saniert werden. Heute befinden sich darin ein medizinisches Fitnessstudio und die Kindertagesstätte „Pusteblume". Auf einem kleinen Abenteuerspielplatz können sich die Kinder an verschiedenen Geräten austoben. Der ehemalige Speicher in Fachwerkbauweise wurde mehrfach modernisiert und hat sich zu einem bekannten und beliebten Treffpunkt besonders für Ausstellungen des Kunstvereins entwickelt.

Von der ursprünglichen Umfassungsmauer, die einst das gesamte Hofgelände mit Herrenhaus und mehreren Wirtschaftsgebäuden umschloss, ist heute nur noch ein Rest vorhanden. Teile der Mauer wurden 1982 neu errichtet, vor wenigen Jahren wurde zudem ein Mauerdurchbruch zum Scharrn eingefügt. Die gesamte Anlage des Burgmannshofs ist eine Augenweide und mit dem Marktbereich eine Perle im Stadtbild.

Burgmannshof: Herrenhaus mit Speicher, 2008.

36 Ein geschichtsträchtiges Gotteshaus
Die St.-Andreas-Kirche in Lübbecke

Die St.-Andreas-Kirche ist eine der größten Hallenkirchen im Kreis Minden-Lübbecke. Der Turm hat eine Höhe von 57 Metern, das Dach eine Breite von 23,5 Metern. Der Altarraum misst von der West- zur Ostwand 37 Meter.

Die Anfänge des christlichen Glaubens reichen in Lübbecke bis in die Zeit der Sachsenkriege unter Karl dem Großen im 8. Jahrhundert zurück. Aus dieser Zeit dürfte auch der erste Kirchenbau datieren. Mitte des 12. Jahrhunderts überbaute man die Anlage mit einem romanischen Kirchenbau auf kreuzförmigem Grundriss. Bis 1350 wurden die beiden Seitenschiffe im gotischen Stil hinzugefügt. Damals herrschte die Pest, Flagellanten, die das vermeintliche Kommen des Antichristen verkündeten, waren auf den Straßen unterwegs und Juden wurden verfolgt und ermordet. Auf zwei Gedenksteinen am Nordportal sind diese Zeitzeichen auf Lateinisch festgehalten.

Die Reformation setzte sich erst ab etwa 1550 in Lübbecke durch. Seitdem dient der stattliche Kirchenbau der evangelisch-lutherischen Gemeinde als Gottesdienstraum. Wegen ihrer ausgezeichneten Akustik wird die Kirche auch für Konzerte genutzt.

Das 1274 in Ahlden an der Aller gegründete Kollegiatsstift St. Andreas wurde 1280 nach Neustadt am Rübenberge und 1295 von dort nach Lübbecke verlegt. Als Kollegiats- oder Kanonikerstift bezeichnet man eine Gemeinschaft von Geistlichen, die – anders als Mönche – keiner Ordensgemeinschaft angehören. Das Stift erhielt zahlreiche Schenkungen, dank derer mehrere Seitenaltäre in der St.-Andreas-Kirche aufgestellt werden konnten. Die Stiftungen waren gewöhnlich mit der Verpflichtung verbunden, an den Altären Gottesdienste zum Andenken und geistlichen Wohl der Stifterfamilien zu halten. Am St.-Andreas-Stift in Lübbecke versahen sechs Stiftsherren ihren Dienst. Zu ihren Aufgaben gehörte bis 1491 auch die Versorgung der Gläubigen in Blasheim mit den Sakramenten. Erst im Zuge der Säkularisation zu Beginn des 19. Jahrhunderts wurde das Stift aufgelöst. Auf dem Hofgelände zweier Kapitelhöfe befindet sich heute das Evangelische Alten- und Pflegeheim. In der Dekanatskurie ist das Gemeindebüro der evangelischen-lutherischen Kirchengemeinde untergebracht. Der östliche Teil wurde ursprünglich als Zehntscheune genutzt.

Die St.-Andreas-Kirche, Blickrichtung Westen (Foto: E. Steinwachs um 1930, Stadtarchiv Lübbecke). ›

37 Vom Armenhaus zur modernen Klinik

Das Krankenhaus Lübbecke

Das Lübbecker Krankenhaus liegt in landschaftlich reizvoller Lage am Nordhang des Wiehengebirges am westlichen Rand der Kernstadt. Ausgestattet mit modernster Medizintechnik, gehört es zu den Mühlenkreiskliniken (MKK).

Die erste urkundliche Erwähnung des Heilig-Geist-Hospitals, das zugleich Armen- und Siechenhaus war, geht auf das Jahr 1363 zurück. Damals befand es sich im östlichen Bereich des Cornberg'schen Burgmannshofes, heute ist es mit dem Parkplatz Gänsemarkt überbaut. 1712 wurde das Hospital an die Ostertorstraße verlegt. Die städtische Armenkommission beschloss 1828, das dortige Haus zu verkaufen und den Erlös in ein städtisches Krankenhaus zu investieren. Aus Kostengründen wurde zunächst das Wachthaus, ein kleines Fachwerkhaus östlich des damaligen Rathauses (heute der Bereich des Anbaus und des Turmes am alten Rathaus), genutzt. Im Jahr 1830 waren Totengräber Nolte

als Krankenpfleger und Dr. Hagspihl als Armenarzt angestellt. Nolte musste die Krankenstuben täglich lüften, reinigen und regelmäßig mit Wacholderbeeren ausräuchern.

Eine Pockenepidemie beschleunigte schließlich den Bau des Lübbecker Kreiskrankenhauses. 1897 erfolgte die Einweihung des Gebäudes an der Liem'schen Straße, heute Wittekindstraße. Trotz mehrerer Um- und Erweiterungsbauten erwies es sich bald als zu klein. Im „Sonnenwinkel" bei Gut Obernfelde entstand ab 1979 ein neuer Krankenhauskomplex. Der aus Oberlübbe stammende Friedhelm Fahrtmann gab bei der Grundsteinlegung als Gesundheits- und Sozialminister des Landes Nordrhein-Westfalen den Startschuss für den Neubau. Im Jahr 1985 wurde das neue Krankenhaus eröffnet.

Das Krankenhaus Lübbecke im „Sonnenwinkel", 2016.

38 Tradition verbindet
Die Lübbecker Bürgerschützen

Die Gemeinschaft der traditionsreichen Lübbecker Bürgerschützen ist kein Schützenverein wie an anderen Orten im Kreis Minden-Lübbecke. Ihre Entstehung ist ungewöhnlich und fußt auf traditionellen Aufgaben, die weit in die Stadtgeschichte zurückreichen.

Die Tradition der Lübbecker Bürgerschützen kann man bis weit ins Mittelalter zurückverfolgen. Damals waren Wald, Weide, Moor, Sand- und Tongruben die wesentlichen wirtschaftlichen Bestandteile der freien Lübbecker Mark. Daran waren die Stadt Lübbecke und rund 30 Dörfer und Bauernschaften beteiligt. Die Markennutzung wurde von der Stadt Lübbecke überwacht. An der Spitze der Überwachungskommission standen die beiden Lübbecker Schützenmeister, aus denen später die Schützenkönige hervorgingen. Sie waren keine Kommandeure der Bürgerwehr, sondern nahmen ihre Aufgaben als Mittler zwischen Bürgerschaft und Rat wahr und wurden bei wichtigen öffentlichen Angelegenheiten hinzugezogen. Eine Beurkundung erwähnt die Schützen 1492 und erläutert, dass Sicherung und Ausgabe der Waffen vom Rat geregelt wurden. Die Schützentradition selbst ist deutlich älter. Eine Vereinsbildung hat sich aufgrund der jahrhundertealten Tradition als überflüssig erwiesen. Man hält den Brauch des Bürgerschützen-Bataillons auch so aufrecht. Es ist evident, dass sich die Bürgerschützen daher völlig von gewöhnlichen Schützenvereinen oder Bruderschaften ähnlicher Art unterscheiden.

Bis heute haben die Bürgerschützen ein hohes Ansehen bewahrt und erfreuen sich großer Beliebtheit. Zu den vom Schützen-Offizierkorps organisierten Veranstaltungen gehört das Königsschießen mit Vorderladern. Jeder Mann kann sich mit einem Schuss beteiligen. Schützenbälle finden in „ungeraden" Jahren statt. Zum Fest gehören der Schützenausmarsch durch die Stadt und der Zapfenstreich auf dem Marktplatz. Derzeit gehören 17 Züge bzw. Kompanien und 700 Schützen zum Bataillon. Sie begehen 2019 mit Bezug auf die Erwähnung im Jahr 1492 das 527-jährige Bestehen des Bürgerschützen-Bataillons.

Ausmarsch des Bürgerschützen-Bataillons 1956 (Stadtarchiv Lübbecke).

39 Ältestes Volksfest der Region
450 Jahre Blasheimer Markt

Der Blasheimer Markt, hervorgegangen aus dem Kirchweihfest der von den Tecklenburger Grafen gestifteten Marienkirche, konnte im Jahr 2019 sein 450. Jubiläum feiern. Er ist damit das älteste Volksfest der Region. Mit Unterbrechungen in Kriegszeiten lockt der Blasheimer Markt jährlich Anfang September große Besuchermengen an.

Der ursprüngliche Kirchenbau kann in die Zeit der Wende vom 12. zum 13. Jahrhundert zurückgeführt werden, der Blasheimer Markt könnte also noch älter sein. Er hat sich aus dem Kirchweihfest Anfang September entwickelt. Womöglich gab es sogar früher schon eine einfache Kapelle, an der man zu Mariä Geburt zu einem kleinen Markt zusammenkam. Wann die Menschen tatsächlich erstmals zum Markt nach Blasheim fanden, lässt sich nicht mehr genau sagen. Bekannt ist aber, dass der Markt in Zeiten von Kriegen oder anderen Katastrophen mehrfach ausfiel. Er findet nach wie vor Anfang September statt, hat sich inzwischen zu einem viertägigen abwechslungreichen Vergnügen entwickelt und besticht durch ein buntes Angebot der üblichen Marktbeschicker. So gibt es verschiedene Restaurants, Bratwurststände, Ausschankpavillons und Verkaufsstände für Süßwaren, Honigkuchen, gebrannte Mandeln und Eis, für Fisch- und Räucherwaren sowie für Spiel- und Schmuckwaren, Schieß- und Verlosungsbuden, Ausspielungen aller Art wie Ball- und Ringwerfen, „Hau den

Lukas“, Kasperle-Theater und sogar eine Boxsporthalle. Nicht zu vergessen die Fahrgeschäfte. Viele neue Attraktionen wie „Fuzzys Lachsalon“, „Scary-House“, „Shaker“ und „Voodoo Jumper“ beeindrucken die Besucher. Mit bis zu 400.000 Besuchern zählt der Blasheimer Markt zu den größten Kirmesveranstaltungen in Ostwestfalen-Lippe.

Der erste Tag (donnerstags) endet seit 25 Jahren mit einem Höhenfeuerwerk. An allen Markttagen herrscht im 2.500 Quadratmeter großen Gewerbezelt ein dichtes Gedränge.

„BLAMA“, 2009.

40 Bretter, die die Welt bedeuten
Die Freilichtbühne in Nettelstedt

Die beliebte Freilichtbühne auf dem Hünenbrink in Nettelstedt erfreut seit 1919 die Besucher. Sie ist eines der ältesten Amateur-Freilichttheater Deutschlands und diente von Beginn an wohltätigen Zwecken.

Als der 30-jährige Karl Meyer (später Meyer-Spelbrink) 1919 mit seiner Familie als Lehrer nach Nettelstedt kam, wurde er mit Bildungsnotstand,

Tuberkulosekranken, Kinderarbeit und den wirtschaftlichen Auswirkungen des verlorenen Ersten Weltkrieges konfrontiert. Bei der Organisation des Erntefestes kam Meyer die Idee, die vom Leid gebeutelten Menschen mit Theaterstücken zu unterhalten und sie von ihren Sorgen abzulenken. So wurden 1919 auf Surmeiers Deele die ersten Stücke aufgeführt, was als Anfang der Nettelstedter Theaterspiele betrachtet werden kann. Die Theaterspiel-Aktivitäten lebten weiter und 1921 wurden die ersten Stücke auf dem Hünenbrink aufgeführt. Offiziell ins Leben gerufen wurden die Freilichtspiele der Spielgemeinde Nettelstedt schließlich am 9. September 1923, als die Geldentwertung ihren Höhepunkt erreichte. Im September kostete ein Ei unvorstellbare 18 Millionen Mark. Damals waren für den Eintritt zwischen einem und zehn Eiern pro Person zu entrichten, um einen ideellen Gegenwert zu erhalten. Die Einnahmen flossen u. a. in den Kauf eines Hauses zur Errichtung einer Badeanstalt auf dem Hünenbrink. Im Jahr 1929 wurde der Hünenbrinkturm, das Wahrzeichen der Freilichtbühne, über dem Spielgelände errichtet. Seine drei Glocken wurden auf die Namen „Einigkeit" und „Recht" und „Freiheit" getauft.

Protagonisten dieser Zeit waren natürlich der unermüdliche Karl Meyer-Spelbrink, der 1962 verstarb, und der Lehrer Wilhelm Korte (1896–1957). Korte war ab 1924 Spielleiter und lange Zeit der künstlerische Kopf der Spielgemeinde. Unter seiner Leitung wurden dem Freilichtspiel entscheidende Impulse gegeben. Heute gehören Volksschauspiele zum Standard. Auch Musicals und Kinderklassiker finden lebhaften Zuspruch. Das Theater hat 900 Sitzplätze und führt pro Saison (Pfingsten bis Ende August) jeden Samstag ein Stück für Erwachsene und jeden Sonntag ein Kinder- und Familienstück auf. Seit 1982 gibt es jährlich ein Winterstück in kammerspielartiger Atmosphäre für 80 Zuschauer. In ihrer Ausgabe Nr. 274 meldete die „NW" eine Zahl von 17.000 Zuschauern im Jahr 2018. 2019 kann die erfolgreiche Freilichtbühne bereits auf 100 Jahre Theateraktivitäten zurückblicken.

Das Ensemble der Amateur-Freilichtbühne mit dem Stück „Die Feuerzangenbowle" nach Heinrich Spoerl.

41 Seit 1818 in Familienbesitz
Gut Obernfelde in Lübbecke

Das Gut Obernfelde liegt südwestlich der Lübbecker Kernstadt in einer talartigen Senke am Nordhang des Wiehengebirges. Das weitläufige Gelände wird von einem Bach durchflossen, der oberhalb zu einem Teich angestaut ist und einst die Hofmühle antrieb.

Seit 1818 ist das Gut im Besitz der Familie von der Recke. Die beiden Hauptgebäude stehen parallel zueinander. Zum Areal gehören auch mehrere Wirtschaftsgebäude, die Orangerie und das kleine ehemalige Mühlengebäude unterhalb des Gutshofs. Die Mühle war bis in die 1950er-Jahre in Betrieb.

Ein Kleinod ist die Gartenanlage östlich des Gutsgeländes, in dem sich das vermutlich nach Plänen von Karl Friedrich Schinkel im Jahr 1824 erbaute sogenannte Ministerhaus befindet. Der Park wurde Anfang des 19. Jahrhunderts in einen englischen Landschaftspark umgestaltet, was der damaligen Mode entsprach. Beherrschendes Element sind die großen Rasenflächen mit den üppigen Blumenbeeten. Dazwischen stehen Blutbuchen, Esskastanien, schlitzblättrige Buchen und diverse Sträucher. Eine Buchsbaumlaube sowie eine Sonnenuhr runden das Bild eines Herrengartens ab. Hinter der Orangerie setzt sich der Park fort und zeichnet sich durch einen alten interessanten Baumbestand aus. Zum heutigen Gut gehören Land- und Forstwirtschaft. Die Häuser sind, soweit vom Eigentümer nicht genutzt, vermietet. Der Park und die Gärten werden der Öffentlichkeit nur im Ausnahmefall zugänglich gemacht.

Im Jahr 1856 gründeten die Schwestern Luise und Caroline von der Recke mit dem in der Nähe des Gutes liegenden Obernfelder Pflegehaus einen „Zufluchtsort für die hilfslosesten unter den Bedürftigen", unversorgte Kinder, Alte und Kranke. Es war das erste Haus dieser Art in ganz Westfalen. Nach dem Tod der Gründerinnen entstand die bis heute engagierte Stiftung Obernfelder Pflegehaus.

Zu den architektonischen Schätzen gehört das sogenannte Ministerhaus, 2007.

42 Kleinod unter den Herrensitzen
Die Wasserburg Stockhausen

Die Wasserburg am westlichen Rand von Stockhausen, 1995 im Wettbewerb „Unser Dorf soll schöner werden" preisgekrönter Ortsteil von Lübbecke, ist ein Höhepunkt der malerischen Ortschaft. Durch ihre idyllische Lage und ihren uralten, komplexen Aufbau ist sie ein Kleinod unter den Rittergütern im Lübbecker Land.

Eine Gräfte umgibt die Anlage, zu der neben dem Herrenhaus das Kutscherhaus, Ställe und Nebengebäude, ein Torhaus mit Glockenaufsatz, ein Taubenturm und die Umfassungsmauer gehören. Das Herrenhaus besitzt an der Südostseite einen Eckturm mit quadratischem Grundriss. Eine Freitreppe führt auf der Hofseite zum Portal, über dem ein Wappen mit der Jahreszahl 1699 angebracht ist. Dabei handelt es sich wahrscheinlich um das Baujahr. Das malerische Torhaus stammt aus dem Jahr 1672. Das Alter der Burg ist nicht genau bekannt, aber ihre Anfänge reichen bis ins 14. Jahrhundert zurück. Zu dieser Zeit war die Burg im Besitz der Ritter von Westorpe.

Hermann von Westorpe wird von 1525 bis 1558 als Eigentümer genannt. Anna Margaretha von Westorpe brachte die Burg in der ersten Hälfte des 17. Jahrhunderts in die Ehe mit Dietrich von der Recke aus dem Hause Steinfurt ein. Die Familie war bis zu ihrem Wechsel in das Rittergut Obernfelde in Stockhausen ansässig. In der Zeit nach dem Ersten Weltkrieg war in dem Gut eine landwirt-

Stockhausen, April 2010.

schaftliche Winterschule eingerichtet. Die Nachfrage der Bauernsöhne nach Unterricht in Naturwissenschaften, Acker- und Pflanzenkunde, Betriebslehre etc. war groß. In der Zwischenzeit wurde das Anwesen teilweise als Wohnsitz genutzt. Bis 1979 blieb die Burg in Familienbesitz, dann verkaufte Familie von der Recke sie an Prof. Werner Schürmann. Der neue Eigentümer ließ die heruntergekommenen Gebäude gründlich instand setzen. Ein Brunnen wurde gebohrt und die Gräfte wieder mit Wasser gefüllt. Heute stellt die Wasserburg Stockhausen mit ihrem vom Glockenturm bekrönten Torhaus ein Highlight unter den Schlössern und Herrensitzen im Mühlenkreis dar. Zu allen Jahreszeiten ist sie in ihrer natürlichen Umgebung eine wahre Augenweide.

43 Landwirtschaft anno dazumal
Museumshof in Rahden-Kleinendorf

Der Museumshof in Rahden-Kleinendorf ist weit über die Grenzen des Kreises Minden-Lübbecke hinaus bekannt. Er gibt mit seinen Exponaten einen Einblick in die Lebens- und Arbeitswelt der Bauern vor 200 Jahren.

Das Ensemble an Fachwerkgebäuden auf dem weitläufigen Gelände des Museumshofs ist beeindruckend: Es gibt Ställe, Scheunen, eine Rossmühle und das Haupthaus, in dem Menschen und Tiere unter einem Dach lebten. Der Museumshof stellt somit eine für das Rahdener Land vor 200 Jahren typische Hofanlage dar.

Das stattliche Hauptgebäude des heutigen Museumshofs war das Bauernhaus von Richert und Anna Metike Balkman, geb. Kröger, das in Sielhorst Nr. 55 (17) stand. Die einzelnen Gebäude wurden aus den Ortschaften der näheren Umgebung zusammengetragen und liebevoll rekonstruiert. Zum Teil in ihrer alten Form und Funktion sind das Zweiständer-Bauernhaus von 1689 sowie Speicher, Backhaus, Scheune, Schafstall, Rossmühle, Schmiede, Böttcherei, Stellmacherei und der Immenstand zu besichtigen. An den gut besuchten Mahl- und Backtagen steht die Rossmühle im Mittelpunkt. Sie ist die einzige betriebsfähige Rossmühle im Mühlenkreis, bei der die Zugtiere außen um die Mühle laufen. Im Innern befinden sich ein Bokemühlenstand und ein Mahlgang für Getreide. Im Backhaus wird dann für die Besucher Brot und Kuchen gebacken. Außerdem werden alte bäuerliche Tätigkeiten wie Spinnen, Flachsbearbeitung, Leinenweben, Korbflechten und Besenbinden vorgeführt.

Mahl- und Backtag, 2011.

Interessant ist ferner der Bauerngarten mit Nutz- und Zierpflanzen. Dazu gehören auch die Bleichwiese, der Röteteich und das Bienenhaus. Für Besuchergruppen und Schulklassen gibt es hier museumspädagogische Aktivitäten.

Zum Museumshof gehört zudem das „Lütge Hus“ mit einer landesweit seltenen Dauerausstellung zum Thema Leinenerzeugung. Weiter sind hier alte Trachten der regionalen Bauerngesellschaft zu bewundern.

Die Saison des Museumshofs beginnt im März und endet im Oktober mit dem Schlachtfest. Im Juni 2016 konnte die beliebte Einrichtung ihr 50. Jubiläum feiern.

44 Betagter Außenposten
Die Burgruine Rahden

Die Burgruine Rahden im Ortsteil Kleinendorf ist der Rest einer der fünf ehemaligen Landesburgen der Mindener Bischöfe. Als Außenposten sicherte sie die Grenze gegen die Grafen von Diepholz und Hoya im Norden sowie Ravensberg und das Bistum Osnabrück im Westen.

An einem Ost-West-Handelsweg an der Furt über die Große Aue gelegen, ist die Ruine der Rest einer alten Burg aus dem späten 13. Jahrhundert. Die erste Erwähnung geht auf das Jahr 1296 zurück. Zwischen 1310 und 1320, in der Zeit, als der Bischofssitz von Minden nach Petershagen verlegt wurde, fanden wesentliche Erweiterungen und Umbauten zu einer Wasserburg statt. Weitere Landesburgen waren die Landesburg Reineberg in Lübbecke, die Schalksburg in Hausberge, die Schlüsselburg und Schloss Petershagen. Die Burg Rahden war nie Sitz von Familien des höheren Adels. Als Herren waren Drosten vorgesehen, so 1320 der Droste Hardecke von Engelingborstel.

Um das Jahr 1350 wütete die Pest im Land und forderte zahlreiche Opfer. Aus dieser Zeit sind Auseinandersetzungen zwischen den Grafen von Diepholz, die ein vertraglich gesichertes Nutzungsrecht geltend machten, und dem Mindener Bischof Gerhard I. von Schauenburg (Bischof 1346–53) überliefert. Nachdem Gerhard I. 1351 Anteile der Burg erworben hatte, suchte er seinen kirchlichen Einfluss in Rahden zu sichern. Zu diesem Zweck kaufte er in Rahden ein Grundstück zum Bau einer Kirche. Die Kirchengründung ist auf das Jahr 1353 zurückzuführen.

Zwischen Pfandinhabern der Burg und Mindener Bischöfen kam es immer wieder zu Konflikten. So auch 1431, als Wilbrand von Hallermund (Bischof 1406–1436) die Burg von seinen Truppen zerstören ließ. Weitere Auseinandersetzungen sind aus dem Jahr 1591 überliefert, als Bischof Anton von Schauenburg (Bischof 1587–1599) den Ort Rahden niederbrennen ließ. Auseinandersetzungen zwischen Domkapitel und Amt Rahden waren die Folge. Neben dem Drosten war zur Unterstützung ein Amtmann eingesetzt, der zeitweise auch die Geschäfte des Drosten führte. So war von 1590 bis 1619 Johann von Holwede Amtmann des Hauses Rahden. Bis zum Jahr 1647 wurde der Amtmann aus dem Hause Holwede gestellt. Drosten gab es um 1600 nicht mehr. Die äußerst wechselvolle Geschichte mit den Mindener Fürstbischöfen endete mit dem Dreißigjährigen Krieg und der neuen preußischen Hoheit. Am 15. März 1649 wurde Burg Rahden von den Brandenburgern in Besitz genommen. Der erste Droste war Moritz Wilhelm von Cornberg zu Hüffe. Im Jahr 1829 verkaufte der preußische Fiskus das zur Burg gehörende Vorwerk an den Landrichter Christian Heinrich Bock, der es zum Schloss Rahden ausbaute. Die Nachfahren der Familie Bock sind noch Eigentümer des Schlosses, das heute ein Altenheim beherbergt.

Die Burg bestand aus dem Hauptgebäude mit Bergfried, dem Torhaus mit Zugbrücke sowie Pferdeställen und war durch einen Wassergraben gesichert, der aus dem Wasser der Großen Aue gespeist wurde. Der heute sichtbare Rest ist ein Teil des ehemaligen Hauptgebäudes. Gesichert durch Zuganker und eingezäunt, ist die Burgruine Rahden für Besucher unzugänglich. Ein Rundgang um die malerische Ruine macht deutlich, dass die Natur das Gelände wieder für sich beansprucht. In der kalten Jahreszeit wird die Ruine beleuchtet und mit wechselndem Farbenspiel, romantisch verklärt, aus der Dunkelheit geholt.

Burgruine Rahden, Frühling 2011.

45 Monolith aus der Eiszeit
Der Große Stein von Tonnenheide

Glaziologen vermuten, dass der Große Stein, ein in Tonnenheide gefundener Findling, aus der späten Saale-Weichsel-Eiszeit stammt. Damit zählt er zu den „jüngeren" Steinen. Kleinere Findlinge befinden sich ebenfalls in Norddeutschland, sind aber älter, z.B. der „Alte Schwede" in Övelgönne bei Hamburg.

Gletscher transportierten während der Eiszeit riesige Geröllmassen. Einzelne größere Findlinge blieben dabei im Norden liegen. Einer der bekanntesten befindet sich in Övelgönne bei Hamburg und wurde beim Ausbaggern der Elbe gehoben. Alle älteren Findlinge bestehen aus Växjö-Granit und stammen aus Skandinavien. Der „Alte Schwede" ist mit dem Inlandeis der frühen Elster-Eiszeit gekommen. Sein Gewicht wird mit 217 Tonnen angegeben, damit galt er lange als größter Findling.

Der Große Stein von Tonnenheide ist mit der jüngeren Saale-Weichsel-Eiszeit gewandert und liegt seit etwa 200.000 Jahren am Fundort, dem heutigen Hof Klasing. Sein zurückgelegter Weg wird auf 600 Kilometer geschätzt, Ursprung ist wohl Südschweden. Der Findling besteht aus Biotitgranit und wurde erstmals um 1900 von Geologen untersucht. Er war fast ganz in der Erde verborgen und befand sich zum Teil unter einem Wohnhaus. Im Jahr 1915 wurde er erstmals freigelegt und vermessen. Er misst in der Länge zehn Meter und ist bei einer Höhe von drei Metern sieben Meter breit. Sein Gewicht liegt bei 350 Tonnen. Damit ist er der größte bekannte Findling Norddeutschlands.

Im Jahr 1972 wurde ein Versuch unternommen, den Stein zu heben. Alle zur Verfügung stehenden Mittel, sei es von der Bundesbahn oder der britischen Armee, reichten jedoch nicht aus. Ein weiterer Versuch wurde 1981 unternommen. Wieder erreichten die Geräte die Grenzen ihrer Kapazität. Endgültig schaffte es der Demag-Kran CC 600 eines Bremerhavener Unternehmens, den Stein zu heben und zu transportieren. Der Monolith wurde gehoben und um 70 Meter versetzt, wobei der auf dem Gelände stehende Speicher seinen Platz wechseln musste.

Die Dimension des Findlings ist im Vergleich zu den Personen beachtlich, 1915.

46 Die älteste Mühle im Kreis
Die Weher Bockwindmühle

Es gilt als gesichert, dass schon im 14. Jahrhundert in Wehe eine Mühle stand. Die Weher Bockwindmühle entstand vor 1650 und ist somit die älteste Mühle im Kreis. Zu dieser Zeit war die Mühle im Besitz der Rahdener Kirche. 1732 wurde der preußische Staat Eigentümer.

Die Bockwindmühle, man nennt sie auch „Deutsche Mühle", ist die älteste Windmühlenbauform. Bevor sich modernere Bauarten wie die Holländermühle durchsetzten, war die Bockwindmühle Stand der Technik und weit verbreitet. Ihr Vorteil besteht in der einfachen Bauweise, die ohne ein massives Fundament auskommt. Bockwindmühlen wurden oft ab- und andernorts wieder aufgebaut. Bekannte Aktionen dieser Art sind die „Umsetzung" der Bockwindmühle vom Rittergut Hüffe nach Stemwede-Oppenwehe 1873 und der Bockwindmühle von Warmsen nach Petershagen-Neuenknick im Jahr 1899.

Müllerfamilie Wiegmann mit sieben Kindern, 1905.

Die Weher Bockwindmühle wurde in der Zeit Friedrichs des Großen im Jahr 1771 wieder Privateigentum mit in der Folge wechselnden Besitzern. Technische Veränderungen hielten Ende des 19. Jahrhunderts Einzug. Ein Dieselmotor wurde eingebaut, der die Mühle windunabhängig machte und eine Kreissäge antreiben konnte. Jahre des Verfalls folgten. 1982 wurde die Mühle zerlegt und mit einem Schrotgang neu aufgebaut. Im Jahr 1991 kaufte der Mühlenverein die Mühle und machte sie zur „Vereinsmühle". Heute präsentiert sie sich wieder in ihrem ursprünglichen Zustand. Der Heimatverein Wehe zählt zu den aktivsten Betreibern im Mühlenkreis und lockt zahlreiche Besucher zu den Mahl- und Backtagen nach Wehe.

Bockwindmühle Rahden-Wehe am Deutschen Mühlentag, Pfingsten 2019.

47 Reste einer Grenzbefestigung
Die Burgruine Limberg

Auf einem 180 Meter hohen Sattel des Limbergs steht nur noch der Bergfried einer Höhenburg der Mindener Bischöfe inmitten wunderschöner Natur. Etwas abseits eines Passes über das Wiehengebirge gelegen, war die Burg nie von besonderer strategischer Bedeutung.

Ungenaue Quellen besagen, dass der Bischof von Minden oder der Burggraf von Stromberg hier vor 1292 eine Burg gegründet haben soll. Ab dem

13. Jahrhundert ist die Burg als Grenzbefestigung der Minderner Bischöfe bekannt. Die erste urkundliche Erwähnung geht auf das Jahr 1319 zurück. Die Burg liegt nicht auf dem höchsten Punkt des Limbergs (190 Meter), sondern auf einem tiefer gelegenen Sporn in einer Höhe von 180 Metern über NN. Sie wurde an dieser Stelle errichtet, um das Eggetal und den Durchfluss der Großen Aue (damals Schierenbeke) überblicken zu können. Die Burg Limberg stand etwas im Schatten anderer Burgen der Region, weil sie keine Dynastenburg war. Vergleichbare Befestigungen wie die Landesburg Reineberg über Lübbecke (276 Meter), die Ravensburg, Burg Tecklenburg und die Sparrenburg bei Bielefeld liegen an strategisch wichtigeren Punkten.

Die Geschichte der Burg Limberg ist dagegen äußerst wechselhaft. So wird z.B. ein privater Streit zwischen Alhard IV. von dem Bussche und den Brüdern des Bischofs von Osnabrück im Jahr 1399 überliefert. Weitere ähnliche Auseinandersetzungen sind bekannt, das Fehdewesen rund um den Limberg soll erst 1491 ein Ende gefunden haben. Im 16. Jahrhundert wurden unter Herzog Johann III. von Jülich und Berg, Graf von Ravensburg, grundlegende Reformen und die Sicherung der Grenzen durchgeführt. 1609 starb Johann Wilhelm, Herzog von Jülich und Berg, und die Grafschaft Ravensberg mit dem Amt Limberg ging an das Kurfürstentum Brandenburg. Von diesem Zeitpunkt an bestimmte Brandenburg, nach zwischenzeitlicher Unterbrechung durch den Pfalzgrafen von Neuburg 1623, das Schicksal der Höhenburg. Gegen Ende des 17. Jahrhunderts verlor die Burg an Bedeutung. Bis 1805 diente sie noch als Gefängnis, bevor sie 1832 verkauft wurde. Am 21. Januar 1982 wurde der Verein zur Erhaltung der Burgruine Limberg e. V. gegründet. Die Ruine ist ein beliebtes Ausflugsziel und Außenstelle des Standesamtes Preußisch Oldendorf. Ganz in der Nähe stehen die Überreste einer über 400 Jahre alten Gerichtslinde. Bei Wanderern und Mountainbikern ist die Strecke bis zum zwei Kilometer entfernten Wartturm beliebt.

Die Burgruine Limberg im Dezember 2018. Der 1989 restaurierte Turm wird vom Verein zur Erhaltung der Burgruine Limberg e. V. instand gehalten. Info-Tafeln vermitteln dem Besucher alles Wissenswerte über die wechselhafte Geschichte der Burgruine.

48 Uralte Garnisonskirche
St. Ulricus in Börninghausen

Die Börninghauser St.-Ulricus-Kirche war die Garnisonskirche der Burg Limberg. Heute ist das Gotteshaus die Pfarrkirche für die Gemeinden Börninghausen, Eininghausen und Büscherheide.

Die einschiffige Kirche mit Turm, Chorraum und gotischem Mittelschiff ist 31 Meter lang und 9 Meter breit. Sie war ursprünglich eine adelige Eigenkirche des hochadeligen Hauses Stromberg/Rüdenberg und wurde etwa zwischen 1220 und 1237 durch den Mindener Bischof Konrad I. von Rüdenberg gegründet. Zwischen 1279 und 1334 entwickelte sie sich von einer adeligen Patronatskirche zur Pfarrkirche mit eigenem Kirchspiel. Die teilweise erhaltenen und um 1460 entstandenen gotischen Wandmalereien zeigen drei lebensgroße katholische Heiligenfiguren: Margareta von Antiochia, Sebastian und den heiligen Bischof Ulricus. Im Chorraum sind die vier Apostel Petrus, Paulus, Andreas und Jakobus zu sehen. Die Orgel stammt aus dem Jahr 1661 und der Taufbrunnen aus dem Jahr 1686. Seit der umfassenden Renovierung zwischen 2005 und 2008 ist St. Ulricus wieder sehenswert.

Um das 12./13. Jahrhundert gehörte zu einer Landesburg wie der Sparrenburg in Bielefeld oder der Ravensburg in Borgholzhausen eine Burgkapelle mit eigenem Burgkaplan. So ist laut Zeugnis des Mindener Domherren Heinrich von Schloen gen. Tribbe überliefert, dass die Besatzung der mindenschen Landesburg Reineberg bei Lübbecke durch den Pfarrer der Kirche Holzhausen seelsorgerisch betreut wurde. Die Höhenburg Limberg war mit ihrer geringen Garnisonsstärke nicht mit einer eigenen Burgkapelle ausgestattet. Es dürfte aber einen Raum in der Burg gegeben haben, in dem der Börninghausener Pfarrer die katholische Messe und nach der Reformation den evangelisch-lutherischen Gottesdienst abgehalten hat, denn es ist bezeugt, dass der Geistliche aus Börninghausen auf dem Burggelände täglich die Messe feierte. Darüber hinaus wird im Jahr 1771 berichtet, dass der Börninghauser Pfarrer aus der Limberg'schen Renteikasse eine jährliche Summe von 20 Talern erhielt.

Die St.-Ulricus-Kirche, Ansicht von Westen: Mit den kräftigen Stützstreben und dem massigen Turm erscheint die Kirche wie eine Festung in ihrer Umgebung, 2012.

49 Technisches Denkmal
Die Rossmühle in Oberbauerschaft

Eine Rossmühle war eine Hofmühle, die bei Bedarf mit den vorhandenen Zugtieren betrieben werden konnte. Ihre Aufgaben waren Flachsklopfen, Getreidemahlen und mechanische Abtriebe für Arbeiten auf dem Hof. Es gab zwei Betriebsformen von Rossmühlen: Entweder liefen die Zugtiere außen oder in den Gebäuden „unter Dach und Fach".

Die Rossmühle in Oberbauerschaft ist ein technikgeschichtliches Kulturdenkmal ersten Ranges. Sie wurde 1797 auf dem 1463 erstmals erwähnten Hof Meyer zu Kniendorf erbaut und ist heute noch funktionsfähig. Das Gebäude ist ein auf einer 120 Quadratmeter großen Grundfläche stehender achteckiger Fach-

Die größte Rossmühle Westfalens auf dem Hof Meyer zu Kniendorf.

An das Kammrad können bis zu sechs Pferde gespannt werden.

werkbau. Die mit Lehm gefüllten Wände tragen ein reetgedecktes, spitzzulaufendes Dach. Im Innern steht zentrisch eine sieben Meter hohe Achse, an der 16 Streben ein Kammrad mit einem Umfang von 32 Metern tragen. Das große Kammrad ist wie alle Getriebeteile die Leistung des Mühlenbaumeisters Johann Heinrich Diekmann. Auf einer Speiche des Göpelrads hat er sich mit einer Inschrift verewigt: *„JohanHeinRichDiekManMühlenMeisterAnno 1797“*.

Es ist bemerkenswert, mit welcher Präzision das große Göpelrad mit einem Durchmesser von 10,186 Metern und die 320 Kammen gefertigt sind. Der 10 Zentimeter große Abstand der Kammen ist millimetergenau eingehalten. Über ein Stockrad wird die Welle des Stampfwerks angetrieben. Diese altertümlich erscheinende „Nockenwelle“ hebt mit ihren „Daumen“ die massigen Stampfen an. Nach Freiwerden fallen die Stampfen mit voller Wucht auf die darunterliegenden Flachsbündel und klopfen diese weich. Die Pferde werden direkt an das Kammrad gespannt. Wenn in der Vergangenheit Flachs verarbeitet wurde, kamen die Bauern oft mit eigenen Zugtieren zum Boken. Die Rossmühle war zwar in erster Linie eine Bokemühle, also eine Mühle, in der Flachs gestampft wurde, doch eine Getreidemühle war ebenso vorhanden.

Nach jahrelangem Stillstand restaurierte der Mühlenverein Minden-Lübbecke die Mühlenanlage und brachte sie 1985 wieder zum Laufen. Zu besonderen Anlässen, wie dem Deutschen Mühlentag, der jedes Jahr an Pfingstmontag stattfindet, und dem Tag des offenen Denkmals im September, wird die Rossmühle im Betrieb vorgeführt. Mühlenfreunde sollten auf keinen Fall verpassen, 200 Jahre alte Mühlentechnik zu erleben.

50 Einst westlicher Außenposten
Wasserschloss Hollwinkel

Das Wasserschloss Hollwinkel liegt südlich des Mittellandkanals in der Alsweder Niederung und gehört zu Hedem, einem Ortsteil von Preußisch Oldendorf. Seit 1830 hat die Familie von der Horst ihren Hauptsitz in dem malerischen Anwesen.

Namensgeber für Hollwinkel soll ein altes Rittergeschlecht aus dem Stift Hildesheim gewesen sein, dessen Nachfahre, Alexander von Holle (1249–1295), 1285 in einer Mindener Urkunde erwähnt wird.

Dieser von Holle soll ein äußerst umtriebiger Ritter gewesen sein, der Hollwinkel erbauen ließ und in der damals noch einsamen Gegend als sein Jagdschloss nutzte. Von Holle war ein leiblicher Bruder des Mindener Bischofs Otto I. aus Stendal (Bischof von 1266–1275). Es ist überliefert, dass der Ritter von Holle dem anderen Geschlecht sehr zugetan war. Zahlreiche Nachkommen um Alswede können auf ihn zurückgeführt werden.

Nicht bekannt ist, wie lange die Familie von Holle ihren Sitz auf Hollwinkel hatte, es gilt aber als gesichert, dass Hollwinkel immer ein westlicher Außenposten der Mindener Bischöfe war. Es ist ein Kord von Holle bekannt, der im Jahr 1363 mindenscher Ritter und der Letzte dieses Namens auf Hollwinkel war.

Anfang des 15. Jahrhunderts war Hollwinkel im Besitz der Familie von Schloen gen. Gehle, der gleichzeitig Schloss Hüffe gehörte. Im Jahr 1459 wurde Hollwinkel von Truppen des Hochstifts Osnabrück belagert und beschossen. Das mit drei Gräften gesicherte Wasserschloss konnte aber nicht eingenommen werden. Im Jahr 1871 wurden mehrere Kanonenkugeln dieser Zeit aus der Gräfte geborgen.

Im Dreißigjährigen Krieg wurde Hollwinkel von Schweden belagert, konnte aber nicht erobert werden. Nach Ende des Krieges und der anschließenden Säkularisierung spielte Preußen die entscheidende Rolle auf Hollwinkel. Die Geschichte sollte fortan eng mit Preußen verbunden bleiben.

Nachdem die Familie von Schloen ausgestorben war, fiel Schloss Hollwinkel im Jahr 1758 dem Lehnsherrn Friedrich II. von Preußen zu, der es 1758 nach Allodifikation (Umwandlung von Lehen in privates Eigentum) für 50.000 Taler an den Freiherrn von der Asseburg verkaufte. Am 9. November 1776 veräußerte von der Asseburg gegen Zahlung von 53.000 Talern das Schloss wiederum an den Preußischen Staatsminister Freiherr von der Horst aus Haldem. Der Kauf wurde 1777 landesherrlich bestätigt. In den Folgejahren blieb Hollwinkel, nur durch einen Rentmeister verwaltet, ungenutzt. Nachdem der alte Horstsche Familiensitz Haldem verkauft und Schloss Hollwinkel umgebaut worden war, nahm die Familie von der Horst ab 1830 ihren Hauptsitz auf Hollwinkel ein. Ab 1831 fanden wieder bauliche Veränderungen statt. Ab 1870 wurde der Südflügel im alten Stil neu gestaltet und mit Türmen und Erkern versehen. Der weitläufige Park wurde im englischen Landschaftsstil angelegt. Die Gestaltung der Wasserlandschaft spielte dabei eine große Rolle. Eine Allee führte zum alten Gut Ellerburg, wo die Erbbegräbnisstätte der Familie liegt. Seit den 1940er-Jahren ist das Gelände durch den Mittellandkanal geteilt. Die Gräfte ist im Schlossbereich zu einem großen Teich erweitert, wo zahlreiche Wasservögel zu beobachten sind. Der angrenzende Wald bietet Wildtieren eine Heimat und macht das ganze Anwesen zu einem großflächigen, natürlichen Lebensraum für verschiedene Tierarten.

‹ Wasserschloss Hollwinkel mit Fahnenschmuck, 2008.

51 Meisterwerk der Baukunst
Wasserschloss Hüffe

Das kulturhistorische Kleinod Schloss Hüffe liegt auf einer malerischen Gräfteinsel abseits von Lashorst, einem Ortsteil von Preußisch Oldendorf. Dazu gehört ein großer Landschaftspark mit seltenen Bäumen und einer Fiedhofsinsel mit Gräbern der ehemaligen Schlossherren.

Die Anfänge von Schloss Hüffe reichen bis ins 13. Jahrhundert zurück. Ursprünglicher Eigner war von Schloen gen. Gehle. Erstmals erwähnt wurde es 1439. Zusammen mit Hollwinkel bildete es einen westlichen Posten des Bistums Minden. Zu Beginn des 20. Jahrhunderts bestimmte die Familie von Vittinghoff-Schell die Geschicke des Herrensitzes. 1952 vermachte Elvire Freifrau von Vittinghoff gen. Schell ihr Vermögen mit Ausnahme des Schlosses ihrem Sohn Hubertus. Das Schloss hatte sie alleine durch die Kriegsjahre geführt und 1947 dem Deutschen Roten Kreuz geschenkt. Das DRK betrieb hier bis Ende der 1950er-Jahre ein Erholungsheim für Kriegsheimkehrer und danach ein Altenheim. Ein Glücksfall war der Erwerb des Anwesens durch Dr. Hartmut Krukemeyer und der Gräfin von Schwerin im Jahr 1977. Sie verfügten über die nötigen Mittel und konnten das Schloss und die Nebengebäude komplett restaurieren. Das heutige Erscheinungsbild ist allein ihrem Bemühen um historische und architektonische Originalität zu verdanken.

Schloss Hüffe ist ein Meisterwerk spätbarock-klassizistischer Baukunst des Kasseler Oberbaudirektors Simon Louis de Ry, erbaut von 1773 bis 1782 für den hessischen Generalleutnant Friedrich Christian Arnold von Jungkenn gen. Münzer von Mohrenstamm. Das Herrenhaus steht auf einer rechteckigen Gräfteninsel. Der siebenachsige Mittelbau ist mit zwei fünfachsigen Flügelbauten durch niedrigere Galerien verbunden. Die zurückhaltende Gestaltung des Äußeren steht im Gegensatz zum reich verzierten Innenausbau.

Auf einer Insel im Parkgewässer befindet sich der private Friedhof der ehemaligen Schlossherren. Mitglieder der Eigentümerfamilien haben hier ihre letzte Ruhe gefunden.

Wasserschloss Hüffe, November 2006.

52 Von Wasser umgeben
Gut Groß-Engershausen

Gut Groß-Engershausen mit seinem auf einer Gräfteninsel gelegenen malerischen Hauptgebäude blickt auf eine wechselvolle Geschichte zurück. Zum Rittergut gehören mehrere verschiedenartig genutzte Nebengebäude und das Mausoleum der Besitzerfamilie.

Von 1491 bis etwa 1510 entstand das Rittergut Engershausen und war bis 1671 Gegenstand der Güterpolitik der Familie von Schloen. Nach Erlöschen der männlichen Linie entbrannte für mehrere Jahrzehnte ein Streit über die Lehnseigenschaft des Gutes, der schließlich durch ein „Machtwort" des preußischen Königs beendet wurde. Die Bauten aus dieser Zeit sind bis auf einige Fundamente längst verschwunden.

Mitte des 18. Jahrhunderts erwarb Gustav Friedrich von Berner das von Lehen befreite Gut und errichtete in den Jahren 1773 bis 1783 den in seiner Struktur noch heute bestehenden Gutshof. Als Beamter der Kasseler Landgrafen mit Dienstsitz in Rinteln hatte er Kontakt zum Hofarchitekten Simon Luis de Ry, der neben Gut Groß-Engershausen auch Schloss Hüffe im Stil der damaligen Landsitzarchitektur entwarf. 1838 erwarb

Mausoleum der Familie von Spiegel im „kleinen Bosquet", 2009.

Schloss Groß-Engershausen, April 2007,

die Familie des Freiherrn von Spiegel zu Desenberg-Rothenburg das Gut, das bis 1933, als Amalie Sophie Freiin Spiegel zu Desenberg verstarb, in ihrem Besitz blieb. Obwohl es kein Mannerbe war, ging es dann – entgegen der diesbezüglich in der NS-Zeit herrschenden Doktrin – in den Besitz der Familie der Freiherren von Spiegel von und zu Peckelsheim über. Eine nicht unwesentliche Rolle dürfte dabei das Angebot des neuen Eigentümers an den Reichsarbeitsdienst gespielt haben, diesem das Gut zur Nutzung zu überlassen. Auf diese Weise entging es der drohenden Enteignung. Nach dem Zweiten Weltkrieg diente das Haus zunächst als Unterkunft für Flüchtlinge und als Berufsschule für Hauswirtschaft. Die Familie nahm es nur langsam, Raum für Raum wieder in Besitz.

Das Gut liegt auf einer etwa 50 x 50 Meter großen Gräfteninsel. Über eine Bogenbrücke mit zwei stattlichen Torpfeilern erreicht man das Gebäude. Der verputzte Fachwerkbau mit Walmdach und Erkern zeigt sich seit 1993 wieder als barocker Landsitz in den kräftigen Farben der Erbauungszeit. Zahlreiche Nebengebäude gehören dazu. Das sogenannte Melkhaus in Ziegelbauweise diente viele Jahre als Stall und Wohnung des Wirtschafters. Heute wohnen hier zwei weitere Familien. Eine Durchfahrtsscheune von 1773 im Fachwerkstil beherbergt ebenfalls zwei Wohnungen und das Werkstattatelier einer Vergolderei. In der Remise sind Werkstatt und Lager eines Zimmereibetriebs sowie der Ausstellungsraum eines privaten Museums für Archäologie, Ornitologie und Geologie der Region untergebracht.

Und natürlich gibt es auch Schafe, eine Ziege und ein Pony, die in der kleinen Scheune an der Hofzufahrt „residieren". Umgeben wird das Gut von einem kleinen, der Öffentlichkeit zugänglichen Landschaftspark. Nördlich des Parks befinden sich im „kleinen Bosquet" das Mausoleum der Familie von Spiegel sowie eine weitgehend zerstörte Pyramide, die dem ehemaligen Eigentümer von Berner als Grabkammer diente.

53 Aus zwei mach eins
1.050 Jahre Stiftskirche in Levern

Die auf dem Leverner Hügel liegende und weithin sichtbare Kirche von Levern wurde vor 1.050 Jahren erstmals urkundlich erwähnt. Ihre Geschichte ist eng verbunden mit der Geschichte des Ortes Levern, dem heutigen Verwaltungssitz der Gemeinde Stemwede. Im Jahr 2019 wurde das 1050. Jubiläum mit zahlreichen Events festlich begangen.

In Gründungsurkunden wird erwähnt, ein Ritter Worad habe dem Bischof Milo in Minden das Dorf Liverium im Jahr 969 geschenkt. Einzelheiten soll eine Schenkungsurkunde enthalten. Daraus geht hervor, dass das kleine Dorf aus einer Kirche, einem Haupthof, sieben Bauernfamilien, einer Mühle und einem Fischteich bestand – alles in Worads Besitz. Bei dem Gotteshaus dürfte es sich um eine Holzkirche gehandelt haben. Die heutige unregelmäßige, dreischiffige Hallenkirche ging aus zwei getrennten Kirchen hervor, die bis 1828 bestanden. Im Jahr 1227 hatte Konrad I. von Rüdenberg, Bischof von Minden (1209–1236), ein Zisterzienserinnenkloster in Levern gegründet. Die in dieser Zeit entstandene Klosterkirche wurde am 1. Mai 1283 von Bischof Volquin von Schwalenberg geweiht. Heute handelt es sich dabei um das nördliche Seitenschiff mit gewölbtem Rechtecksaal ohne Chorraum. Während der Reformationszeit fand 1543 die Umwandlung des Klosters in ein freiweltliches, evangelisches, adliges Damenstift statt. Die Kirche war bis zum Jahr 1810 die Stiftskirche des Damenstifts. Der alte Turm wurde 1582 aufgestockt und 1715 mit einer Barockturmhaube bekrönt. Im Jahr 1603 fand der Anbau der Sakristei statt. 1679, in der Zeit Ludwigs XIV., fielen Kirche und Kloster französischen Marodeuren zum Opfer. Die aus dem 15. Jahrhundert stammende Pfarrkirche ist als spätgotischer, zweischiffiger Kirchenbau ausgeführt und stellt heute das Mittel- sowie Südschiff dar. 1828 wurden beide Kirchen zu einer Doppelkirche verbunden. Im Jahr 1914 wurden noch einmal umfangreiche Änderungen vorgenommen, um in der Kirche mehr Raum zu schaffen. Das heutige innere und äußere, dem Betrachter verworren erscheinende Bild der Kirche kann man als Spiegelbild ihrer wechselvollen Geschichte betrachten. Zusammen mit den Stiftshäusern bildet sie den historischen Kern von Levern. Die Besonderheit Leverns ist der fast komplett erhaltene Stiftsbezirk.

Das Bild zeigt deutlich die beiden Teile der Kirche, rechts die Stiftskirche, links die Pfarrkirche, April 2010.

54 Historischer Kern
Stiftshäuser in Levern

Nach der Reformation und der Umwandlung des Klosters in ein weltliches Damenstift ließen sich die Damen, die durchweg aus dem regionalen Landadel stammten, in eigenen Häusern auf dem Leverner Hügel rund um die Stiftskirche nieder.

Dem Arzt Georg Faber, der seine Beobachtungen auf seinen Reisen mit geschickter Feder festhielt, verdanken wir die Skizze auf Seite 116. Sie zeigt Levern 1632 in Blickrichtung Osten mit der Stiftskirche im Mittelpunkt und den

Federzeichnung von Georg Faber. „Am 19. Juni 1632 erreichte der Landgraf von Hessen-Butzbach mit seinem Gefolge, darunter der Arzt Georg Faber, den Ort Levern. Faber, der etliche Stationen der Rückreise aus Aurich in seinem Skizzenbuch festhielt, zeichnete umrißhaft die Kirche des 1227 neugegründeten Zisterzienserinnenklosters, ab 1558 freiweltliches Damenstift, und umgibt sie in gedrängter und gestaffelter Anordnung mit schematisierten Wohnhäusern“.

Pfarrwitwenhaus von 1696, hier wohnte Henriette Davidis von 1849 bis 1856.

sie umgebenden Häusern der adligen Damen. 1632 war das Damenstift fast 90 Jahre alt. In der linken Bildhälfte erkennen wir drei vermutliche Mitglieder des gräflichen Trosses hoch zu Ross. Einer weiblichen Person, die in einem Stall zu sehen ist, wird ein Gegenstand überreicht. Die Skizze vermittelt einen Eindruck von Normalität mitten im Dreißigjährigen Krieg. Man darf annehmen, dass der Landgraf von Hessen-Butzbach mit dem Arzt Georg Faber freies Geleit hatte und den Stiftsort Levern als sicheren Hort auf seiner Heimreise nach Butzbach wählte.

Zum historischen Kern Leverns gehört das sogenannte Pfarrwitwenhaus von 1696 in der Buchhofstraße 20. Johanna Friederika Henriette Katharina Davidis (1801–1876), die bekannte Kochbuchautorin, lebte hier von 1849 bis 1856. Im Jahr 1845 hatte sie das „Kochbuch für die gewöhnliche und feinere Küche“ herausgebracht, das heute noch zu den Bestsellern der Kochbuchliteratur zählt. Henriette Davidis führte in dieser Zeit die Küche im Schlingerschen Gasthof, der späteren Amtsverwaltung. Nebenbei widmete sie sich ihrer literarischen Tätigkeit. Zahlreiche Bücher und Nachschlagewerke zum Hausfrauenberuf sind von ihr erschienen. Die besondere Atmosphäre Leverns wird sicher inspirierend auf ihr literarisches Schaffen gewirkt haben.

55 Einladung zum Waldbaden
Stemweder Berg

Der Stemweder Berg erstreckt sich in Ost-West-Richtung an der Grenze zwischen den Gemeinden Stemwede/Brockum und den Ländern Niedersachsen und Nordrhein-Westfalen. Er gehört wie der Dümmer See und das Oppenweher Moor zum Naturpark Dümmer.

Der Stemweder Berg besteht, grob gesagt, aus zwei parallel verlaufenden Bergrücken, die durch eine nach Westen ansteigende Talsenke, die Vette Dehne, getrennt sind. Dazu rechnen muss man die Dielinger Klei, einen

Höhenrücken, von dessen höchstem Punkt man eine schöne Aussicht auf den Dümmer im Norden hat. Nach Süden, über den Leverner Hügel hin, geht der Blick zum Wiehengebirge. Die höchste Erhebung des Berges ist die Kollweshöh bei Haldem mit 181,4 Metern über NN. Der Berg ist stark bewaldet, überwiegend mit hohem, altem Rotbuchenbestand. Vom Waldrand hat man einen schönen Blick auf Brockum und die malerische Umgebung. Die Aussicht vom östlichsten Punkt oberhalb von Oppendorf zum Weserbergland und Wiehengebirge mit der markanten Porta Westfalica ist besonders eindrucksvoll.

Unter den regionalen Erderhebungen nimmt der Stemweder Berg eine Sonderstellung ein. Die nördlich vom Dümmer gelegenen Dammer Berge und die Ankumer Höhe bestehen aus Endmoränen, die die Gletscher der letzten Eiszeit hinterlassen haben. Der Stemweder Berg hingegen ist ein 85 Millionen Jahre alter, aus kalkhaltigem Sediment bestehender Meeresboden, der durch tektonische Verschiebungen angehoben wurde. Diese geologische Besonderheit beschert uns zahlreiche Fossilienfunde und versteinerte Meerestiere in den Steinbrüchen. Ein weiteres Geschenk der Natur ist der üppige Bestand an Kalkbuchen, der nur wenig mit Nadelbäumen durchsetzt ist. Eine typische Erscheinung sind einzelne sehr alte und ineinander verwachsene Buchen und besondere, alte und individuelle Baumexemplare. Streuobstwiesen lockern den Waldbestand auf, der überwiegend in Privatbesitz ist. Der Gebirgskamm teilt die Bodenstruktur in zwei völlig unterschiedliche Teile. Der nördliche besteht aus wenig ertragreichem Sand- und Moorboden, der südliche überwiegend aus fruchtbarem Lössboden und sichert der Landwirtschaft hohe Erträge. Besonders am klimatisch günstigten Südhang bringt die Lage reiche Obsternten.

Einige beliebte Touristenattraktionen sollen hier besonders hervorgehoben werden. In erster Linie lädt der abwechslungsreiche Wald zum Verweilen ein, der die hügelige und senkendurchfurchte Berglandschaft bedeckt. In der Nähe von Brockum liegen in Talsenken malerische Waldteiche, an denen die typische Fauna und Flora anzutreffen ist. Sandboden, Geröllhalden und Steinbrüche wechseln einander ab. Die Waldwege sind äußerst beliebt bei Joggern, Wanderern und Mountainbikern. Eselsafaris können ab Oppendorf unternommen werden. Das Hügelgrab aus der frühen Bronzezeit liegt direkt am „Weißen Weg", dem Wanderweg über den nördlichen Bergrücken entlang der Landesgrenze. Grenzsteine markieren den alten und neuen Grenzverlauf mit den Kapitalen „H" für das Königreich Hannover und „P" für die preußische Provinz Westfalen. Vor 1866 war dies eine Zollgrenze und hier befand sich ein Paradies für Schmuggler.

Informative Wandertafeln geben Auskunft über die 15 markierten Rund wanderwege und Aussichtspunkte. Die uralten Brummlöcher bei Brockum sind ein Erlebnis der besonderen Art. In den Kalkfelsen gehauene, runde 50 Zentimeter tiefe Löcher bewiesen bei nach Heilung- und Entspannung suchenden Menschen ihre wohltuende Wirkung.

‹ Schutzhütte in der Nähe von Brockum, 2019.

Der Autor
Winfried Hedrich

Winfried Hedrich (Dipl.-Ing.), geb. am 12. März 1935 in Bad Berleburg, Kreis Siegen-Wittgenstein, lebt seit 1973 mit seiner Familie in Rahden, im Mühlenkreis Minden-Lübbecke. Er war als Entwicklungsingenieur im Maschinenbau für grafische Maschinen tätig. Nebenberuflich war er etwa 15 Jahre freier Mitarbeiter bei der „Neuen Westfälischen". Seit 25 Jahren ist Winfried Hedrich Mitglied im Mühlenverein Minden-Lübbecke, seit fünfzehn Jahren Autor beim Sutton Verlag. Zahlreiche Bildbände über die Region sind von ihm erschienen, zuletzt 2017 der Band „Lübbecke. Gestern & Heute". Das vorliegende Buch ist das 15. Werk im Sutton Verlag.

In allem möchte ich zutiefst
Den Kern ergründen,
In Arbeit, Weg und Herzensnot
Die Wahrheit finden.

Ich dringe in das Wesen ein
Mit meiner Frage,
Bis an die Wurzel, bis zum Quell
Vergangner Tage.

Die Hand am Pulsschlag des Geschehns
Möchte ich halten,
Will lieben, denken, fühlen, sein,
Neues gestalten.

Aus „Wenn es aufklart" von Boris Pasternak

Einband vorne: Kaiser-Wilhelm-Denkmal mit Rundterrasse, 2018.

S. 2/3: Das Badehaus II in Bad Oeynhausen.

Nachsatz: Faltblatt „Die Mühlenroute erleben", Mühlenkreis Minden-Lübbecke.

S. 14/15: Wiehenvenator albati, hypothetische Lebendrekonstruktion, Von I do dinosaurs - Eigenes Werk, CC BY-SA 4.0, https://commons.wikimedia.org/w/index.php?curid=44682039;
S. 50: Offizielle Landkarte, Mühlenkreis, Minden-Lübbecke;
S. 66/67: Floß auf der Weser, Dehme, ca.1950, „Neue Westfälische" v. 9.3.1990, Heimatstube Dehme, Bad Oeynhausen;
S. 81: St.-Andreas-Kirche, E. Steinwachs, Stadtarchiv Lübbecke;
S. 84/85: Bürgerschützen 1956, Stadtarchiv Lübbecke;
S. 86/87: Blasheimer Markt, Foto: H.G. Meyer, Neue Westfälische, Lübbecke;
S. 88/89: Freilichtbühne Nettelstedt 1927, Stadtarchiv Lübbecke;
S. 98/99: Großer Stein v. Tonnenheide 1915, Stadtarchiv Rahden;
S. 100: Bockwindmühle Wehe 1905, Quelle: Heinrich Wiegmann, Rahden-Wehe;
S. 116: Westfalia Picta Band VII, Minden-Ravensberg, Erfassung Westfälischer Ortsansichten vor 1900, Nr. 620, S. 434;
Alle weiteren Bilder stammen von Winfried Hedrich.

Impressum

Sutton Verlag GmbH
Schweickhardtstraße 1
72072 Tübingen
www.suttonverlag.de

ISBN: 978-3-96303-510-4
Printed in Poland by CGS Printing
Gestaltung und Herstellung: Sutton Verlag

Buchhinweise

Winfried Hedrich
Die Westfälische Mühlenstraße erleben
Ausflüge zu allen 43 Mühlen im Kreis Minden-Lübbecke
14,99 € | ISBN: 978-3-95400-549-9

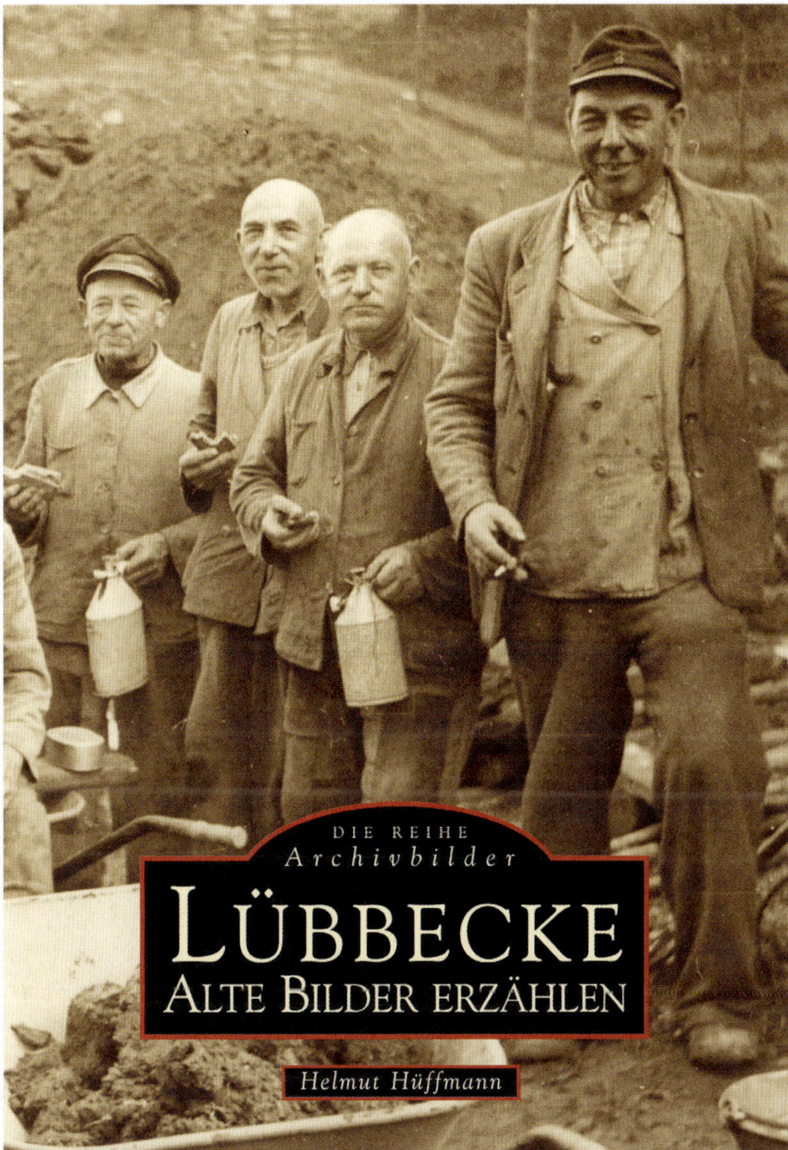

Helmut Hüffmann
Lübbecke
Alte Bilder erzählen
19,99 € | ISBN: 978-3-89702-143-3

MIZ D10

Das Mühleninformationszentrum

11 D9

(Windmühle Todtenhausen) Valentins Mühle

22 B5

Bockwindmühle Wehe

1 F9

Windmühle Meißen

12 D8

(Windm. Todtenhausen) Großenheider Königsmühle

2 D10

(Wind-, Wassermühle) Klostermühle Lahde

13 D8

Windmühle Stemmer

3 D10

Wind- und Motormühle Wiebke (Bierde)

14 E8

(Windmühle) Rodenbecker Mühle

4 C10

Bockwindmühle Neuenknick

15 C8

Windmühle Meßlingen

23 B4

Rossmühle Rahden

5 B11

(Windmühle) Seelenfelder Königsmühle

16 C8

(Windmühle Friedewalde) Wegholmer Mühle

24 A4

(Bockwindmühle Oppenwehe) Piel's Mühle

6 B10

(Wassermühle Döhren) Plaggen Mühle

17 D7

(Windmühle Nordhemmern) Greftmühle

25 D3

(Windmühle Levern) Kolthoffsche Hofmühle

7 B10

Windmühle Heimsen

18 E7

Windmühle Hartum

26 D3

Windmühle Destel

30 E5

(Windmühle) Eilhauser Königsmühle

8 B10

Windmühle Großenheerse

19 E7

Windmühle Südhemmern

27 D4

(Wassermühle Fiestel) Ellerburger Mühle

31 E6

(Windmühle Eickhorst) Storck's Mühle

34 F5

Wassermühle Husenmühle

9 C9

(Windmühle Petershagen) Pottmühle

20 D6

(Windmühle Hille) Königsmühle „Auf der Höchte"

28 E4

Guts-Wassermühle Holzhausen-Hudenbeck

32 F8

Windmühle Dützen (Hummelbecker Mühle)

35 F6

Windmühle Struckhof in Schnathorst

10 C9

(Windmühle Petershagen) Büschings Mühle

21 B5

Windmühle Tonnenheide (Hochzeitsmühle)

29 E5

Wassermühle Eilhausen

33 F4

Rossmühle Oberbauerschaft

36 F7

(Wassermühle Bergkirchen) Schönen Mühle

Tagestouren auf der Mühlenroute

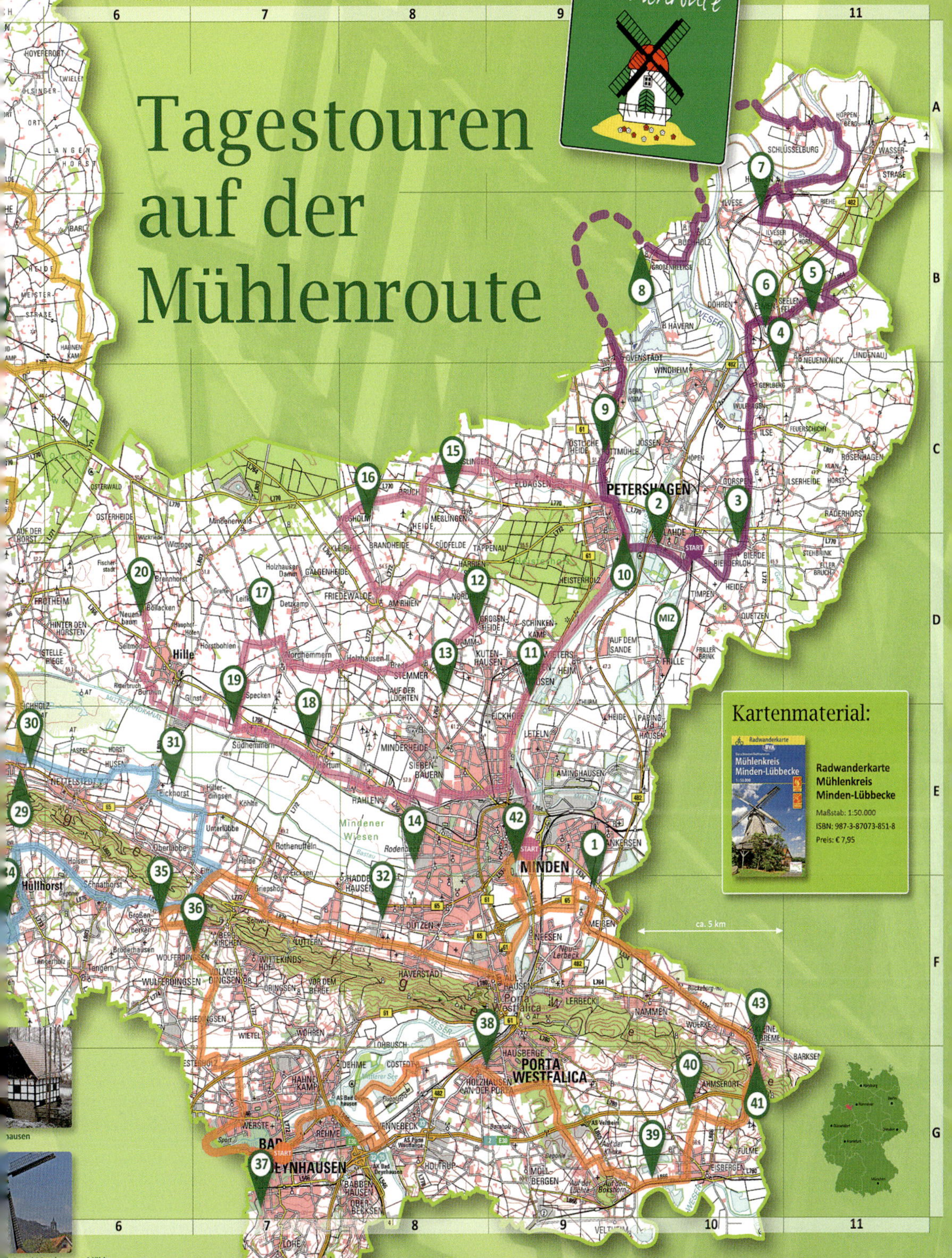

Kartenmaterial:

Radwanderkarte Mühlenkreis Minden-Lübbecke

Maßstab: 1:50.000

ISBN: 987-3-87073-851-8

Preis: € 7,95

. Porta) Maschmeyers Mühle

40 G10

(Windmühle Eisbergen) **Röckemann's Mühle**

41 G10

Wassermühlen Kleinenbremen
Hartingsche Mühle

43 G10

Wassermühlen Kleinenbremen
Mönkhoffsche Mühle

42 E9

Schiffmühle Minden auf der Weser

Weitere Informationen rund um die Mühlen im Mühlenkreis Minden-Lübbecke gibt es beim **Mühlenverein Minden-Lübbecke, Tel. 05702-2694** und unter **www.muehlenverein-minden-luebbecke.de.**